중국과 대만의
한국학 지식 지형도

정치 · 외교 분야
학술 데이터 분석

중국과 대만의 한국학 지식 지형도

정치 · 외교 분야
학술 데이터 분석

함명식 지음

제1장_____ 서론

제1절 문제 제기 ·· 12

제2절 기존 문헌 검토 ··· 19

제3절 연구의 목적과 의의 ····································· 24

제2장_____ 분석틀, 연구 방법,
정책적 함의의 체계화

제1절 분석틀: 고원형 S곡선모델 ························· 28

제2절 연구 방법: 사회연결망과 키워드
동시출현 분포도 기법 ······························· 47

제3절 정책적 함의의 체계화 ······························· 54

제3장_____ 중국의 정치·외교 분야
거시 지식지형도 분석

제1절 중국 내 한국 정치·외교 분야
주요 연구기관 ··· 66

제2절 중국의 정치·외교 분야
거시 지식지형도 ·· 77

제4장_____ 중국과 대만의 한국 정치·외교
분야 미시 지식지형도

제1절 중국의 정치제도 분야 시기별 지식지형도 94

제2절 중국의 정치사상 분야 시기별 지식지형도 107

제3절 중국의 외교안보 분야 시기별 지식지형도 118

제4절 법률·행정 분야 ······································ 140

제5장_____ 대만의 한국 정치·외교
지식지형도

제1절 대만의 한국학 연구 동향 ······················ 150

제2절 키워드 분석을 통해 본
정치외교 지식지형도 ···························· 155

제3절 대만의 한국 정치외교 분야 주요 연구자 178

제4절 중국과 대만의 한국 정치외교 분야
비교 분석 ··· 182

제6장_____ 결론 및 정책적 함의

제1절 연구 결과 ·································· 188
제2절 정책 제안 ·································· 194

〈부록〉· 203
참고문헌 · 210

표 차례

<표 1> 중국의 정치·외교 분야 한국(조선) 주요 연구기관 ··············· 74

<표 2> 정치제도 분야 키워드 동시출현 분포도 ······························· 97

<표 3> 정치제도 분야 키워드 군집 분포도 ·································· 99

<표 4> 정치사상 분야 키워드 동시출현 분포도 ························· 110

<표 5> 정치사상 분야 키워드 연결정도 중심성 분포도 ··············· 111

<표 6> 정치사상 분야 키워드 군집 분포도 ······························ 112

<표 7> 외교안보 분야 1992년 이전 키워드 동시출현 분포도 ··········· 123

<표 8> 외교안보 분야 1992년 이전 키워드 군집 분포도 ················· 124

<표 9> 외교안보 분야 1992년 이후 키워드 동시출현 분포도 ··········· 130

<표 10> 외교안보 분야 1992년 이후 키워드 군집 분포도 ··············· 132

<표 11> 법률행정 분야 키워드 동시출현 분포도 ······················ 142

<표 12> 법률행정 분야 키워드 군집 분포도 ····························· 143

<부록 1> 중국의 한국학: 중국의 한국어(조선어)과 현황 ················· 203

<부록 2> 중국의 한국학: 중국의 한국(조선)연구소 현황 ················ 205

<부록 3> 대만의 한국학: 대만의 한국어과 현황 ······························ 209

| 그림 차례

<그림 1> S곡선모델과 고원형 S곡선모델 ·············· 33
<그림 2> 중국 내 한국학 연구소 지역별 연구 분야 분포도 ·············· 76
<그림 3> 중국의 한국학 지식지형도 분야별, 연도별 논문 분포도 ····· 78
<그림 4> 정치외교 분야 필자별 상위 20위 분포도 ················ 80
<그림 5> 학술지 국제정치연구 표지 ················ 88
<그림 6> 학술지 국제정치과학 표지 ················ 89
<그림 7> 학술지 동북아논단 표지 ················ 90
<그림 8> 학술지 당대한국 표지 ················ 91
<그림 9> 학술지 한국연구논총 표지 ················ 92
<그림 10> 정치제도 분야 1961-2017년 연도별 분포도 ······· 94
<그림 11> 정치제도 분야 키워드 분포도 ················ 96
<그림 12> 정치제도 분야 키워드 연결망 분석도 ················ 101
<그림 13> 정치제도 분야 저자별 분포도 ················ 102
<그림 14> 정치제도 분야 학술지별 분포도 ················ 104
<그림 15> 정치제도 분야 소속기관별 분포도 ················ 105
<그림 16> 정치사상 분야 1959-2017년 연도별 분포도 ··········· 107
<그림 17> 정치사상 분야 상위 키워드 분포도 ················ 109
<그림 18> 정치사상 분야 키워드 연결망 분석도 ················ 113
<그림 19> 정치사상 분야 저자별 분포도 ················ 114
<그림 20> 정치사상 분야 학술지별 분포도 ················ 116
<그림 21> 정치사상 분야 소속기관별 분포도 ················ 117
<그림 22> 외교안보 분야 1950-2017년 연도별 분포도 ··········· 119
<그림 23> 외교안보 분야 1992년 이전 키워드 분포도 ··········· 122
<그림 24> 외교안보 분야 1992년 이전 키워드 연결망 분석도 ········ 127

<그림 25> 외교안보 분야 1992년 이후 키워드
        분포도('한국' 1,679번 제외) ·· 127
<그림 26> 외교안보 분야 1992년 이후 키워드 연결망 분석도 ········ 134
<그림 27> 외교안보 분야 1992년 이후 저자별 분포도 ····················· 134
<그림 28> 외교안보 분야 1992년 이후 학술지별 분포도 ·················· 136
<그림 29> 외교안보 분야 1992년 이후 소속기관별 분포도 ············· 138
<그림 30> 법률행정 분야 1952-2017년 연도별 분포도 ····················· 140
<그림 31> 법률행정 분야 상위 키워드 분포도('韓國' 545번 제외) ·· 141
<그림 32> 법률행정 분야 키워드 연결망 분석도 ····························· 144
<그림 33> 법률행정 분야 저자별 분포도 ··· 145
<그림 34> 법률행정 분야 학술지별 분포도 ······································ 147
<그림 35> 법률행정 분야 소속기관별 분포도 ·································· 148
<그림 36> 대만지역의 한국학 관련 논문 연도별 분포도 ················ 151
<그림 37> 1970년대 정치외교 분야 상위 키워드 분포도 ··············· 160
<그림 38> 1980년대 정치외교 분야 상위 키워드 분포도 ················ 164
<그림 39> 1990년대 정치외교 분야 상위 키워드 분포도 ··············· 169
<그림 40> 2000년대 정치외교 분야 상위 키워드 분포도 ··············· 172
<그림 41> 2010년대 정치외교 분야 상위 키워드 분포도 ··············· 175
<그림 42> 대만의 한국 연구 정치외교 오피니언 리더와
        시대별 발표 문헌 수 ·· 181

제1장

서론

제1절 문제 제기

1-1. 한국학의 세계화

한국은 식민지 지배의 아픔과 한국전쟁의 참화를 딛고 국제무대의 중요한 일원으로 발돋움했다. OECD와 G20의 회원국으로서 각종 국제무대에서 주요 선진국과 세계경제를 논의하는 주도적인 위치에 올라섰으며 정치적으로도 민주주의를 성공적으로 정착시킨 아시아의 모범 국가로서의 위용을 자랑하고 있다. 또한 많은 개발도상국에 경제 자원을 지원하면서 제2차 세계대전 이후 해외 원조를 받던 수원국에서 원조를 제공하는 공여국으로 전환한 유일한 사례로 언급되고 있다. 이처럼 한국은 경제성장과 민주주의라는 두 가지 과제를 단기간에 성취하며 선진국 진입을 눈앞에 둔 중견국가로서의 위상을 확립한 지 오래다. 정치적, 경제적 성취와 더불어 한국의 문화적 위상도 급격히 상승하고 있다. 한국의 드라마와 음식이 한류

(Korean wave)라는 커다란 흐름을 형성해 아시아를 넘어 세계 곳곳에서 신드롬을 일으키고 있으며 최근에는 K-pop으로 대표되는 한국의 음악이 빌보드 차트 최상위권에 기록되는 등 한류의 범주가 더욱 넓어지고 내용도 더 풍부해지고 있다. 2019년 중국 우한에서 발발한 신종 코로나바이러스가 세계를 강타한 이후 서구 선진국들이 방역에 실패하며 희생자가 늘어나는 동안 한국은 K-방역이라는 모범을 창출하며 공공위생 분야에서도 두드러진 성과를 거두고 있다.

정치, 경제, 문화, 공공위생 분야에서 획득한 눈부신 성과는 국제무대에서 한국의 위상을 드높이는 긍정적인 역할을 수행함과 동시에 한국에 대한 해외의 학문적 관심을 배가시키는 계기로 작용하고 있다. 이는 지식인 개개인의 지적 호기심을 넘어 한국이라는 국가가 성취한 다양한 업적과 이를 가능하게 만든 사회적 토대와 문화적 배경에 대한 학습을 통해 자국에 적용할 수 있는 교훈을 얻기 위한 노력으로 이어지고 있다. 이처럼 한국은 개발도상국 중 하나였던 비서구 국가에서 서구 선진국과 어깨를 나란히 하는 중견국으로서의 이미지를 확고히 다지고 있는데 이는 외교적으로도 한국의 소프트파워를 증진시켜 한국의 국익을 향상시키는 선순환의 고리로 작동할 것이다.

위에서 간략히 살펴본 것처럼 한국 위상의 향상으로 인한 한국연구에 대한 학문적 관심의 증가는 한국 학계가 한국학의 확산을 시도할 수 있는 기회와 도전을 동시에 던져주고 있다. 구체적으로 한국학 연구에 대한 수요의 증가는 과거 한국학이 지향했던 학문적 연구 방향에 대한 재검토와 한국학의 확산을 위한 체계적인 전략 마련을 요구하고 있다. 하지만 현재 진행되고 있는 한국학 확산을 위한 전략 방안에 대한 논의는 아직 과거의 관행에서 크게 벗어나지 못한 것처럼 보인다. 그 결과 한국학의 세계화라는 거대한 목표를 설정해 놓고도 이를 구체화시킬 수 있는 세부적인 방책을 마련하는 작업은 아직 초보적인 단계에 머물러 있다. 이로 인해 주된 고민이 한국학 세계화의 당위성에 대한 논의, 세계와 공유할 수 있는 한국학의 개념 정립, 한국학 연구를 위한 사료나 자료 발굴에 집중돼 있는 듯하다.

그 결과 한국학의 성공적인 세계화를 위한 지금까지의 노력과 고민이 축적한 상당한 성과에도 불구하고 그동안의 작업이 주로 한국학을 확산시킬 수 있는 국내 기반 구축에만 집중돼 있었다는 점은 아쉬움으로 남는다. 예를 들면, 한국학 확산의 필요성에 동의하고 한국학을 세계화시키기 위한 작업의 꾸준한 진척에도 불구하고 한국학 확산의 대상이 되는 각 국가에서 한국학이 차지하고 있는 위상, 한국학의 연구 경향, 한국학 확산을 가로막는 장애물에 대한 연구는 아직 미진한 상태에 머물러 있다. 한국에 대한 긍정적 이미지 지수가 높게 나타나는 것이 한국학의 확산을 보장하는 것은 아니다. 한국학을 받아들이는 국가, 지역, 문화에 대한 전략적 분석이 수반되지 않은 한국학 진출 사업은 한국학 연구의 양적 확산이라는 표면적인 성취는 이룩할 수 있어도 사회적 지식으로서의 한국학 정착이라는 궁극적 목표 달성은 실패할 수 있다.

본 연구는 한국학을 세계적으로 확산시키기 위한 노력이 성공을 거두기 위해서는 한국학을 수용하는 국가의 한국학 연구 경향을 체계적으로 분석하고 한국학 확산을 억제하는 정치적, 사회적 요소가 무엇인지 파악하는 것의 중요성을 강조하고 있다. 아울러 지금까지 추상적, 당위적, 목표 지향적 차원에서 추진돼 온 한국학 세계화 작업을 전략적, 체계적, 성취 지향적 작업으로 전환할 것을 주장하고 있다. 그리고 이를 실현하기 위한 기초 작업으로 중화권에서 최근까지 수행된 한국학 연구에 대한 분석을 통해 중국의 한국학 연구 발전 과정, 연구의 성과와 제약, 한국학 확산을 제약하는 요인에 대한 분석을 시도하고 있다. 필자 개인의 학문적 역량 부족과 시간적 한계로 인해 본 연구는 중화권의 한국학 연구 중 특히 한국 정치, 외교, 법률·행정 분야에서 진행된 연구 결과에 초점을 맞춰 연구를 진행했음을 밝혀둔다.

1-2. 중화권에서의 한국 정치·외교 연구

한국학은 정치, 경제, 사회, 역사, 문화 등 한국 제반 분야의 전통과 변화를 연구하는 학문을 뜻한다. 연구 대상으로서 한국학이 지니고 있는 포괄적인 특성은 특정 분과 학문 주도의 접근만으로는 한국에 대한 체계적이고 종합적인 지식을 생산하는 것을 불가능하게 한다. 그래서 이전까지의 한국학은 주로 한국 역사, 문학, 어학 등 인문학에 속하는 학문을 중심으로 이루어졌다. 이는 인문학이 지닌 고유한 속성이 한국에 내재하는 독특한 전통과 변화를 설명하는 데 효과적일 뿐만 아니라 한국을 올바로 이해하기 위해서는 한국어의 습득이 가장 중요하다는 인식이 반영된 결과이다. 또한 정치학, 경제학, 사회학처럼 사회과학에 속하는 학문이 비교적 근현대에 발생한 역사적 사건을 연구의 주제로 삼기 때문에 전통적인 한국 역사와 문화에 대한 이해를 돕는 작업이 우선으로 추진돼야 한다는 생각이 투영된 결과이기도 하다.

하지만 최근의 한국학 연구는 인문학적 인식과 사회과학적 분석을 결합하는 융합적, 학제적 접근의 중요성을 강조하고 있다. 이는 한국학이 기본적으로 한국이라는 국가에 대한 종합적인 이해와 분석을 필요로 하는 지역학의 성격을 띠고 있다는 생각과 결부돼 있다. 미국과 유럽의 국가들처럼 지역학 연구의 전통이 오래된 곳에서는 비서구 지역에 대한 학제적이고 종합적인 연구 경험과 노하우가 축적돼 있다. 그리고 이런 국가의 대학이나 연구기관 중에는 이미 한국에 대한 지식과 정보를 상당한 수준으로 축적한 곳이 많다. 또한, 분과 학문 단위에서도 한국 역사, 정치, 경제, 사회, 문화를 전공하는 다수의 전문가 집단이 확보돼 있다. 무엇보다 서구 국가에서는 한국학 연구를 수행하는 학자나 전문가들이 연구 주제와 방향에 대한 국가의 간섭과 정치적 박해로부터 완전한 자율성을 확보하고 있다. 이는 서구 국가에서 한국학 확산을 위한 전략이 정치적, 사회적 환경이 다른 비서구 국가에서의 한국학 확산 전략과 차별성을 지녀야 함을 의미한다.

서구 국가와 달리 중화권 국가, 특히 본 연구가 중점을 두고 있는 중국과 대만은 한국 연구를 추진하는 데 있어 정치적인 요인이 한국 연구에 제약을 가하고 있다. 주지하다시피 중국은 공산당 일당이 지배하는 권위주의 국가로 학문과 사상에 대한 자유가 철저히 통제되고 있다. 그로 인해 학문 분야에 상관없이 공산당이나 중국의 국익에 위협을 가할 수 있는 연구는 근본적으로 금지되고 있으며 이와 관련된 규정을 위반했을 경우 학교나 연구기관에서 추방될 뿐만 아니라 법적인 처벌을 받기도 한다. 중국과 달리 대만은 민주주의가 정착된 지 오래됐지만 상이한 정치적 이유가 한국과 관련된 연구에 영향을 끼치고 있다. 중국과 대만은 일국양제라는 하나의 중국 원칙에 합의했는데 중국이 강대국으로 부상한 후 중국과 수교를 체결하는 전제 조건으로 대만과의 국교 단절을 요구하고 있다. 한국의 경우도 예외가 아니어서 1992년 한중수교 당시 한국은 대만과 단교를 선언했다. 이후 대만에서는 국가의 억압이 아닌 학자의 자율적인 선택에 의해 한국에 대한 연구가 감소됐고 이런 추세는 현재까지 이어지고 있다.

중국과 대만 두 나라의 정치적 환경이 특별히 민감하게 반영된 한국 연구 주제가 정치, 외교 분야다. 중국의 한국 정치, 외교 분야에 대한 연구는 정치체제 특성상 한국을 상대하기 위해 필요한 한국의 외교와 안보 분야에 대한 연구에 집중돼 있다. 그리고 한국의 외교, 안보에 대한 연구 중에서도 한국 자체에 대한 연구보다 동아시아 질서나 국제정치의 맥락에서 한국의 역할이나 중요성을 분석하기 위한 연구가 다수를 차지하고 있다. 반면, 대만에서는 한중수교 이전까지는 한국의 정치, 외교 분야에 대한 연구가 전반적으로 균형을 이루었으나 한중수교 이후 연구 자체가 정체된 현상을 보이고 있다.

중화권 한국 정치, 외교 분야에 대한 연구에서 발견되는 이런 현상은 중화권에서의 한국학 확산 전략이 서구 국가나 기타 개발도상국가의 전략과 차별성을 지녀야 함을 시사하고 있다. 특히 국가의 영향력과 인구수를 고려할 때 한국학 확산의 가장 중요한 타깃이라는 점에 이의가 없음에도 불구하고 최근 민족주의와 애국주의가 강조되는 추세, 갈수록 강화되는 권위주의 정치체제의 특성을 고려할 때 중국에서의 한국학 확산은 한국의 이익 추구라는 정치적 목표에 부합하는 전략으로 선회할 필요가 있다. 중화권에서의 한국학 확산을 위한 정책적 제안은 결론 부분에서 상세히 다루도록 하겠다.

제2절 기존 문헌 검토

중화권에서 수행된 한국학 연구를 분석한 문헌은 다수가 존재한다. 기존 연구 문헌이 가지고 있는 특성을 요약하면 다음과 같다. 첫째, 대부분의 문헌이 중국에서의 한국학 연구 경향과 성과를 분석하는 것에 집중돼 있고 대만에서의 한국학 연구를 분석한 문헌은 현저히 부족한 실정이다. 대만에서의 한국학 연구를 조사한 대표적인 사례로는 송현호가 2011년 한중인문학회에서 발표한 중국과 대만의 한국학 연구 동향에 대해 발표한 것을 들 수 있다. 하지만 그의 연구는 대만에서의 한국학 연구 상황을 개괄적으로 소개하는 데 머물고 있어 구체적인 연구 주제, 학자, 연구기관 사이의 상호 연관성에 관한 정보를 제공하지 못하는 아쉬움이 있다.

둘째, 중국의 한국학 연구를 검토한 문헌들 중 적지 않은 분량이 중국에서의 한국어 교육 상황에 대한 조사를 한국학 연구의 일부로 간주하고 있다. 한중수교 이후 양국 간 경제교류의 확대와 유학생의 증가로 한국어과를 개설한 중국 대학의 수가 급증한 것은 사실이다. 하지만 베이징대, 연변대 같은 일부 대학을 제외한 대부분 대학에서 가르치는 한국어 교육 수준이 초보적인 단계에 머무르고 한국어 습득을 통해 한국을 이해할 수 있는 교육 커리큘럼이 제대로 갖추어져 있지 않은 것 또한 냉정한 현실이다. 이런 점에 비추어 볼 때 한국어 교육기관의 증가가 가져오는 긍정적인 효과에도 불구하고 이를 학문으로서의 한국학의 확산 결과로 연계시키기에는 부족한 부분이 있다. 더구나 한국과 중국의 국교가 정상화된 기간이 30년에 육박하고 양국 사이의 교류가 급격히 팽창한 현시점에서, 한국어 교육 상황에 대한 소개 문헌이 학문으로서의 한국학 범주에 다수를 차지하고 있다는 점은 비판적으로 논의될 측면이 있다.

셋째, 한국학 연구의 문제점과 확산 방향에 대한 고민을 담고 있는 문헌이 다수 존재하긴 하지만 대부분의 연구가 지엽적인 주제에 매몰돼 있다는 점이다. 예를 들어, 중국에서 한국학 확산을 위한 방안을 모색한 배규범의 논문은 한중 학자들이 공동으로 연구할 수 있는 주제로 역사에 등장하는 한국 귀화 중국인에 대한 조사를 제안하고 있다. 이런 주제가 관심 있는 일부 중국학자의 호응을 얻을 수는 있겠지만 연구 주제가 협소하고 연구 사례가 소수에 불과하다는 점에서 한국학 확산에 일조할 수 있는 분야는 극히 제한됐다고 할 수 있다.

넷째, 중국에서 한국학 연구를 수행한 연구 논문, 연구자, 연구기관에 대한 서지 조사를 수행한 문헌이 있다. 이런 문헌은 중국에서의 한국학 연구와 관련된 소중한 정보를 제공한다는 장점에도 불구하고 연구 문헌의 내용과 각 연구 행위자 사이의 관계가 한국학 발전 과정에서 어떤 상호작용을 했는지에 대한 분석이 빠져 있다. 이런 종류의 문헌은 후속 연구자들이 연구 시간을 절약하고 보다 심화된 연구를 진행할 수 있는 징검다리의 역할을 담당한다.

다섯째, 그 수가 많지는 않더라도 중국 학계에서 진행된 한국학 연구 결과를 일정한 분석틀을 활용해 체계적으로 진행한 논문이 있다. 대표적으로 Lee Sangkuk, 김윤태, 예성호의 연구 성과를 언급할 수 있다. Lee Sangkuk은 중국에서 발표된 한국, 중국외교정책, 국제정치이론과 관련된 연구 논문의 피인용지수를 사회연결망 기법으로 조사해 지식인의 속성과 이들이 외교정책에 미치는 영향을 밝히는 시도를 진행했다. 2007년에서 2009년 사이에 66명의 전문가가 발표한 104개의 논문을 대상으로 분석한 연구는 비록 연구 대상 범위의 한정과 전문가와 외교정책 간의 실질적인 상관관계를 명확히 특정하지 못했다는 단점에도 불구하고 한국학 연구가 나갈 방향에 이정표를 제시한 것으로 평가할 수 있다.

김윤태의 연구는 2000년 대만에서 출판된 <중한관계논저목록(中韓關係論著目錄)> 중 출판 장소가 중국인 논문(1,991건)과 저서(3,114건)를 바탕으로 중국에서의 한국학 연구 성과의 양적 변화 및 주요 연구 영역을 분석하고 있다. 그의 연구는 중국에서 발표된 문헌을 모두 포괄하고 있고 시계열적 방법을 통해 시기별, 주제별로 변화하는 연구 경향을 뚜렷하게 보여준다는 점에서 기존의 연구와 분명한 차별성을 보이고 있다. 예성호는 1992년에서 2016년 사이에 중국에서 발표된 한국 경제·경영 분야 학술논문의 주제어를 키워드 연결망 분석 기법을 사용해 중국의 지식지형도를 그려냈다. 그의 연구는 김윤태의 논문이 한국학 전반에 대한 내용을 다루고 있고 Lee Sangkuk의 논문이 시간적으로 제한된 시기만을 대상으로 삼았던 것과 달리 경제·경영이라는 분과 학문 분야에서 한중수교 이후 최근까지 발표했던 논문에 대한 분석을 이론적 분석을 시도했다는 점에서 큰 의의가 있다. 특히 키워드 연결망을 활용해 각각의 연구 주제와 개별 저자들이 연구 영역에서 형성하고 있는 군집을 발견하고 이들 군집이 관련 한국학 연구에서 지니는 의미를 해석한 점은 한국학 연구 방향의 새로운 길을 제시했다고 할 수 있다.

마지막으로 필자가 진행하고 있는 한국 정치, 외교 분야와 관련된 연구가 존재한다. 이 분야에 대한 연구는 비교적 최근에 활성화되는 특징을 보인다. 박동훈은 1996년과 2010년 사이에 『당대한국』과 『한국연구논총』 두 학술지에 각각 발표된 한국 정치 분야 논문 630편과 483편에 대한 분석을 통해 중국에서의 한국 정치연구 논문의 주제, 방법론적 특징, 개선 방안 등을 논의하고 있다. 그의 연구는 중국에서 수행된 한국 정치 분야에 대한 연구를 비교적 상세하고 학술적으로 분석했다는 점이 눈에 띈다. 하지만 분석 대상이 두 개의 학술지에 불과해 중국에서 전개되고 있는 한국 정치, 외교, 법률·행정 분야에 대한 연구 결과를 포괄적으로 소개하지 못한 한계가 있다.

한국 정치 분야와 관련해 발간된 문헌 중에 주목할 만한 것은 2018년 산업연구원이 출판한『중국의 대한국 관련 조직 및 인물 분석』정책보고서다. 본 연구와 관련해 이 보고서에서 주목할 부분은 제3부에서 소개하고 있는 <중국 한반도 전문가의 한반도 인식과 특징 연구>다. 이곳에서 저자들은 사드 사태와 북핵 문제에 대해 중국의 한반도 및 외교전문가들이 중국 언론에 발표한 의견에 대한 분석을 토대로 각 전문가가 해당 쟁점에 대해 지닌 시각 및 한국과의 연관성 정도를 소개하고 있다. 이는 중국의 한국 정치, 외교 분야 연구자들의 정보를 비교적 세밀하게 제공하고 있다는 점에서 향후 관련 분야 연구에 유익한 자료로 활용될 수 있다.

제3절 연구의 목적과 의의

　본 연구는 다음과 같은 목적을 지니고 있다. 첫째, 중화권에서 진행된 한국 정치, 외교 분야에 대한 미시적, 거시적 지형도를 수립하는 것이다. 이를 통해 중화권에서 진행된 관련 한국학 분야의 현주소를 종합적이고 체계적으로 보여줄 것으로 기대된다. 둘째, 이 과정을 통해 중화권에서 한국학 확산을 제약하는 요소를 파악하고자 한다. 이는 이전까지 진행된 제반 연구들이 현황에 대한 설명을 제공한 것과 달리 한국학 확산의 한계와 어려움이라는 보이지 않는 부분도 솔직히 드러내는 효과를 지니고 있다. 셋째, 위의 결과를 바탕으로 한국학의 세계화를 위한 정책을 구체적으로 제시하는 것이다. 기존의 한국학 연구 문헌들은 한국학 확산을 위한 방안을 모색할 때 각 국가나 지역의 특성을 간과한 채 종합적인 대안을 제시하는 데 치중하는 경향이 있었다. 이는 한국학의 세계화라는 슬로건에 경도돼 세계화라는 숲만 보고 세계화의 현실적 토대가 되는 각 국가나 지역이라는 나무를 보지 못하는 오류를 발생시켰다. 본 연구는 이와 같은 실수의 반복을 피하고자 현실에 근거한 냉정한 판단의 정책이 필요함을 주장할 것이다.

본 연구는 다음과 같은 점에서 독자적인 의의를 지니고 있다. 첫째, 연구 대상이 지니는 규모의 차이다. 본 연구는 1949년 현재의 중국이 수립된 이후 2017년까지 중국에서 수행된 한국 정치, 외교, 법률·행정 분야에 대한 연구 결과를 모두 분석 대상으로 하고 있다. 또한, 대만에서 발표된 동종 분야에 대한 연구 결과도 모두 분석 대상에 포함했다. 이는 지금까지 검토한 문헌과 본 연구의 차별성을 보여주는 가장 큰 특징이다. 둘째, 연구 주제의 일관성과 집중성의 차이다. 기존 문헌의 연구 주제는 지나치게 광범위해 특정 분야에서 진행된 한국학 연구 결과에 대한 집약적인 분석을 제시하지 못하거나 주제가 지나치게 협소해 한국학 확산이라는 안건에 부적합한 경우가 많았다. 이에 반해 본 연구는 중화권의 한국 정치, 외교 분야에 망라된 연구 결과만 집중적으로 분석해 해당 분야의 한국학 확산 전략 수립을 위한 논리적이고 실증적인 대안을 제시하고 있다. 셋째, 실증적인 연구를 시도했다는 점이다. 한국학 관련 기존 문헌의 대부분은 연구 결과를 전달하는 데 있어 기술적인 방식을 취하고 있다. 이는 발견된 사실(fact)을 정보(information)로 전달한다는 점에서는 유의미하나 연구 결과를 발생시킨 결정적인 원인과의 인과관계를 제시하는 데 있어 미흡하다는 맹점이 있다. 또한, 개인적인 의견을 피력하는 형태의 기술 형태를 취해 주장의 논리성과 과학성을 입증하기 어려운 한계를 지니고 있다. 반면, 본 연구는 2

장에서 중점적으로 논의하고 있는 연구 모델로서의 고원형 S곡선 모델 도입, 연구 방법으로서의 사회연결망과 키워드 동시출현 분포도 기법 활용, 정책적 함의의 체계화를 위한 아웃바운드(outbound)와 인바운드(inbound) 개념 고안을 통해 한국학 연구의 영역을 사회과학의 범주로 확장시키는 도전을 감행했다.

제2장

분석틀, 연구 방법, 정책적 함의의 체계화

제1절 분석틀: 고원형 S곡선모델

1-1. 원형 S곡선모델

Rogers는 외부 세계에 대한 연구가 한 사회나 국가에 유입된 이후 사멸하지 않고 확산 과정을 거쳐 하나의 새로운 지식체계로 재구성되는 전체 과정을 S곡선모델을 통해 설명했다. 이 모델에 따르면 처음 소개된 해외의 생소한 지식이 새로운 학문으로 수용된 후 창조적으로 재구성되는 과정은 하나의 씨앗이 주변 생물과의 경쟁 속에서 살아남아 꽃을 피우고 열매를 맺는 과정과 유사하다. 중국 학자 진관타오도 유사한 주장을 펼치고 있다. 그에 따르면 중국에서 해외 학문을 받아들이는 과정은 선택적 흡수-학습-창조적 재구성이라는 3단계를 거치며 이 과정을 통해 중국적 상황에 토착화된 학문으로 재탄생한다. 이 글은 기본적으로 새롭게 수입된 학문이 하나의 지식체계로 재구성되는 과정을 일목요연하게 도식화한

Rogers와 진관타오의 개념화에 근간해 중국에서 한국학의 정치, 외교, 법률·행정 분야가 유입된 후 확산되는 과정을 분석하고 있다. 구체적으로 Rogers와 진관타오의 개념에 근거해 중국에서 한국 정치, 외교 분야에 대한 연구가 유입되는 과정, 이를 전파하는 과정에서 중추적인 역할을 담당한 학자와 기관, 주된 연구 방향을 조사하고자 한다.

하지만 Rogers와 진관타오의 모델이 중국에서 한국 연구의 확산 과정을 이해할 수 있는 하나의 가이드라인을 제시한다 해도 오늘날 중국 정치체제의 특성은 두 학자가 제시한 모델을 그대로 적용하는 것이 타당한지에 대한 의구심을 불러일으키는 것도 사실이다. 공산당 일당이 지배하고 있는 중국의 정치체제는 학자의 자율적인 학문 연구를 보장하지 않고 있다. 이로 인해 중국 공산당의 지배 이데올로기를 부정하거나 정치체제의 존립을 위협할 수 있는 학문의 자유로운 소통을 가로막고 중국 정치체제에 위협을 가할 수 있는 논리나 주장을 유포하는 학자들을 억압하는 것이 현실이다. 요약하면, 자유로운 학문 탐구가 보장된 학문의 자유가 보장된 대부분의 자유민주주의 국가와 달리 공산당 일당 지배만이 용인되는 오늘날 중국 정치 시스템하에서 학문과 사상을 자유롭게 논의하는 데는 근본적인 제약이 따른다. 그 결과 학자들이 인문학과 사회과학의 근간으로 인식되는 자유주의, 민주주의, 인권, 시장질서 원칙에 대한 백가쟁명식의 논의가 어려운 상황이다.

중국 정치체제가 학문의 자유로운 유포를 차단하는 것은 중국에서의 한국학 확산을 가로막는 중요한 제약 요소로 작용한다. 이는 중국에서 한국에 대한 연구가 증가하는 추세에도 불구하고 Rogers 와 진관타오의 모델을 그대로 적용하는 것에 일정한 한계가 있음을 의미한다. 이에 본 연구는 중국에서의 한국학 확산 과정을 올바로 이해하기 위해서는 지식의 사회적 확산 과정을 설명하는 Rogers의 S곡선모델과 진관타오의 관념화 모델에 일정한 수정이 필요함을 인지하고 이의 변형된 형태의 고원형 S곡선모델을 제시한다.

1-2. 고원형 S곡선모델의 필요성

중화권[1])에서의 한반도 연구는 1992년 한중수교를 기점으로 획기적인 전환점을 맞이한다. 한중수교 이전까지 중국에서의 한반도 연구 대상이 주로 북한에 국한됐다면 한중수교 이후 연구의 대상이 북한을 넘어 한국으로 확장되며 명실공히 한반도 전체가 연구 대상에 포함된다. 중국 학계에서 한국에 대한 연구의 관심이 증가한 것은 크게 두 가지 현상으로 확인된다. 첫째, 한국을 대상으로 하는 논문의 양이 폭발적으로 증가했다는 것이다. 둘째, 한국에 대한 연구가 어느 한 분야에 치우치지 않고 정치・외교, 경제・경영, 사회・문화, 어학・문학・역사 등 모든 분야에서 폭넓게 진행됐다는 점이다.

중국 학계에서 등장한 한국 연구의 확장은 한국에 대한 중국 학

---

1) 이 책에서 중화권은 중국 본토와 대만을 지칭한다. 설명의 편의를 위해 중국 본토에서 진행되는 한국 연구의 지리적 영역은 중국으로, 대만에서 진행되는 한국 연구의 지리적 영역은 대만으로 구분한다.

계의 관심 증가와 함께 '한국학의 세계화'를 목표로 한 한국 학계의 노력과 문화 영역에서 향상된 한국의 영향력이 합쳐진 결과로 이해할 수 있다. 이런 관점에서 볼 때 중국에서 한국을 연구하는 학자 및 저작의 양적인 증가와 연구 분야의 확산이 한국학의 세계화라는 목표의 성공 여부를 가늠하는 하나의 측정 지표가 될 수 있다는 것에 반론을 제기할 수 없다.

하지만 한국학중앙연구원을 중심으로 추진돼 온 한국학의 해외 확산 노력에도 불구하고 그동안 한국학의 세계화를 체계적으로 진단하고 평가할 수 있는 국내의 학문적인 노력은 아직 초보적인 단계에 머물러 있다. 그 결과 한국학 확산과 관련된 지금까지의 논의는 세계화되는 한국학의 전반적인 경향에 대한 설명, 향후 과제에 대한 인식과 문제 제기, 한국학 확산을 위한 방향 제시 등에 주로 집중돼 있다. 그리고 이와 같은 현실은 중화권에서 전개되는 한국학에 대한 연구 결과에도 그대로 반영되고 있다.

이 책은 지금까지의 학문적 결과를 계승하면서도 한국학에 속하는 범위 중 정치, 외교 분야의 확산 과정을 보다 체계적이고 이론적으로 분석할 수 있는 하나의 방안을 제시하는 것을 목표로 하고 있다. 이를 위해 지금까지 중화권에서 수행된 정치, 외교 분야에 대한 연구를 고원형 S곡선모델을 도입해 분석했다. 고원형 S곡선모델은 세 가지 측면에서 그동안 한국에서 연구된 중화권에서의 한국학 발전 경향에 대한 연구와 뚜렷한 차별성을 지니고 있다. 첫째, 기존의 관련 연구가 중화권에서 진행된 한국 정치, 외교, 법률·행정 연구의 양적 성장에 초점을 맞춰 통합적이고 통시적인 설명만을 제시한 것과 달리 고원형 S곡선모델은 그동안 진행된 관련 분야의 연구 추세를 체계적이고 이론적으로 설명하는 것을 가능하게 한다. 둘째, 중화권에서 수행된 정치, 외교 분야의 연구 성과를 영역별로 세분화해 분석하고 향후 해당 영역의 연구 추세를 예측할 수 있다. 셋째, 앞에서 언급된 분석 결과를 바탕으로 중화권에서의 한국 정치, 외교 분야 연구의 확산을 위한 구체적인 방안을 제시함과 동시에 각 세부 단위가 지닌 특성에 의해 영역별 확장성에 차이가 발생할 수 있음 또한 지적하고 있다. 이처럼 고원형 S곡선모델을 활용한 중화권에서의 한국 정치, 외교 분야 연구 분석은 지금까지 한국학의 확산이라는 목표와 성과에만 집중한 나머지 중화권의 한국 연구에 내재하고 있는 특성을 간과함에 따라 발생할 수 있는 문제점의 체계적인 분석을 가능하게 한다. 아울러 향후 중화권의 한국학 확산을 위한 노력에서도 학문별 영역에 따라 맞춤형 확산 전략의 필요성과 집중할 분야를 결정하는 데 유용한 근거를 제공하는 장점이 있다.

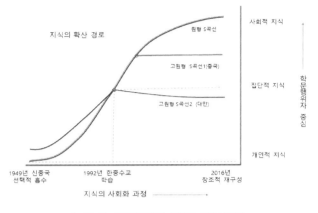

지식의 확산 경로

원형 S곡선

고원형 S곡선1(중국)

고원형 S곡선2 (대만)

사회적 지식

집단적 지식

개인적 지식

학문행위자 중심

1949년 신중국
선택적 흡수

1992년 한중수교
학습

2016년
창조적 재구성

지식의 사회화 과정

〈그림 1〉 S곡선모델과 고원형 S곡선모델

1-3. 고원형 S곡선모델 설명

고원형 S곡선모델은 특정 국가나 학문 공동체에서 새로운 지식
이 도입된 이후 확산 단계를 거쳐 창조적으로 재구성되는 과정을
설명한다. 초기에 유입된 지식은 개인적 지식의 단계를 거쳐 집단
적 지식으로 전환되고 이후 사회적 지식으로 확산되는 유형으로 표
시된다. 이는 지식이 처음 도입되는 과정에서는 일부 학자의 개인
적 관심이 중요한 역할을 하지만 이후 이 지식이 특정 집단의 공통
된 관심으로 공유되는 과정을 거쳐 사회적으로 널리 확산된 후 새
로운 지식으로 사회에 정착되는 모형을 띤다. 이는 고원형 S곡선모
델의 세로축(y)에서 지식이 확산 경로를 '개인적 지식-집단적 지식-
사회적 지식'의 순서대로 표시하고 있다. 요약하면, 세로축은 각 단
계별로 상호작용하는 국가나 학문공동체의 구성단위를 개인적 지
식, 집단적 지식, 사회적 지식으로 세분화해 새로 소개된 초보적인
지식이 지식 행위자 간의 상호작용을 통해 어떻게 하나의 지적체계

로 변모해 가는지를 보여준다.

　세로축이 지식이 확산되는 경로를 개인-집단-사회라는 학문공동체의 '행위자 중심'으로 표시하고 있다면 가로축(x)은 지식이 확산되는 경로를 지식의 '사회화 과정'을 통해 설명하고 있다. 지식의 사회화 과정은 고원형 S곡선모델에서 지식이 확산되는 경로를 '선택적 흡수-학습-창조적 재구성'의 3단계로 구분한다. 즉, 새로운 지식이 최초로 소개되는 과정은 개별 지식 행위자가 학문적 호기심에 의해 연관된 지식을 선택적으로 흡수하지만 이후 이 지식에 관심을 표하는 학자들 사이의 학습을 통해 널리 공유되는 단계를 거쳐 그 사회에 적합한 지식의 형태로 창조적으로 재구성되는 것을 의미한다. 세로축의 행위자 중심과 가로축의 사회화 과정은 외부에서 처음 유입된 지식이 영향력 있는 하나의 지식체계로 성장한 후 정책적으로 효과를 발휘하기까지의 과정이 물 흐르듯 자연스럽게 이어지는 것이 아니라 사회와의 상호작용 속에서 끊임없이 변화하고 재구성되는 과정을 통해 탄생되는 것임을 의미한다.

　이는 개인의 지적 호기심 내지는 우연한 사건에 의해 선택적으로 국가나 공동체에 흡수된 지식이 단지 개인의 지적 욕구를 충족시키는 데 머문다면 기존에 존재하고 있던 지식과의 경쟁에서 생존할 수 없음을 시사한다. 반면에 선택적 흡수 이후 이 지식에 대한 필요성을 공감하는 집단이 증가한다면 이 지식은 이후 사회적 차원의 학습 과정을 거쳐 창조적으로 재구성될 것이다. 또한, 새로 유입된 지식이 개인적 차원이나 집단적 차원에서 다음 단계로 넘어가는 과정에 실패한다면 사회적 차원으로까지 확산되지 못하고 사멸하거나 그 의미가 왜곡, 축소되는 결과로 나타날 수 있음을 보여주고 있다.

이처럼 고원형 S곡선모델은 해외에서 새로 유입된 학문으로서의 한국학이 선택적 흡수-학습-창조적 재구성이라는 경로를 따라 성공적으로 확산되는 과정뿐만 아니라 각 단계에서 상호작용하는 국가나 학문공동체의 반격, 억제, 필요적 선택 등에 의해 확산에 어려움을 겪는 모습을 사회과학적 모델에 따라 논리적이고 일관되게 설명하는 분석틀로 기능한다. 아울러 고원형 S곡선모델은 학문으로서 한국학의 성공적인 해외 정착이 다른 국가에 내재하는 정치적, 사회적, 문화적, 학문적 장애물과의 치열한 경쟁과 다툼에서 승리했을 때 나타나는 성과임을 논리적으로 입증하고 있다.

1-4. 중화권 한국학 확산과 고원형 S곡선모델 적용

고원형 S곡선모델을 통한 한국학 해외 진출 과정에 대한 연구는 특히 중화권에서의 한국 정치, 외교 분야 연구의 현황을 냉정하게 파악하고 상관 분야의 확산을 위한 전략 마련에 도움을 줄 것으로 기대된다. 중국과 대만에서의 한국 정치, 외교 분야 연구의 확산 과정은 시기별, 영역별로 두 국가에서 상이한 발전 경로를 걸어왔다. 이는 중국과 대만의 정치체제, 두 국가와 한국과의 외교 관계 변천 과정, 해당 국가의 단계별 경제발전 전략, 사회문화적 정체성과 경쟁 등이 한국학의 선택적 유입, 학습, 창조적 재구성 과정에 지대한 영향을 미쳤음을 의미하는 것이다.

중화권에서의 고원형 S곡선모델은 두 가지 형태로 나타난다. 하나는 중국에서의 고원형 S곡선모델이고 다른 하나는 대만에서의 고원형 S곡선모델이다. 필자가 중화권에서의 한국 정치, 외교 분야 연구의 변천 과정을 S곡선모델이 아닌 고원형 S곡선모델로 설명하는 이유는 중국과 대만에서의 한국 정치, 외교 분야 연구가 S자처럼 지속적으로 상승곡선을 그리며 창조적으로 재구성되는 것이 아니라 S자형으로 올라가다 일정 지점에서 확산세가 주춤하고 정체되는 모습을 보이기 때문이다. 즉, 고원형 S곡선모델은 지형적으로 높은 고산지대에 형성된 고원처럼 중국과 대만에서의 한국 정치, 외교 분야 연구가 S자형으로 치솟다 일정 지점에서 확산이 멈춘 채 현상 유지 상태에 그친 상황을 설명하는 모델이라고 할 수 있다.

　이를 고원형 S곡선모델의 세로축을 통해 분석하면 중국과 대만에서 한국 정치, 외교 분야 연구를 수행하는 학문 행위자가 개인적 지식-집단적 지식까지는 확장됐으나 사회적 지식의 단계까지는 도달하지 못했음을 의미한다. 마찬가지로 고원형 S곡선모델의 가로축을 통한 분석에서도 두 나라에서 한국 정치, 외교, 법률·행정 연구의 사회화 과정이 선택적 흡수-학습의 단계까지는 진전을 이루었으나 창조적으로 재구성되는 단계에는 도달하지 못하고 있음을 보여주는 것이다.

　양국에서 나타나는 고원형 S곡선모델 중 중국에서 나타나는 유형을 고원형 S곡선모델 1로 대만에서 등장하는 형태를 고원형 S곡선모델 2로 분류했다. 같은 패턴의 고원형 S곡선모델을 다르게 분류한 이유는 두 나라에서 보이는 모습이 유사하다 할지라도 시기와 발현 형태에서 차이점이 있기 때문이다. 먼저 중국의 고원형 S곡선 모델 1은 1949년 신중국 창설 이후 한국 정치, 외교 분야에 대한 연구가 서서히 증가하다 1992년 한국과 중국의 국교 정상화 이후 동일한 분야의 연구가 양적으로 파격적으로 팽창하는 모습을 보인다. 하지만 외형적으로 보이는 급격한 양적 성장에도 불구하고 중국에서의 한국 정치, 외교, 법률·행정 연구는 질적인 성장으로 전환되지는 못하고 있다. 양적 연구의 질적 연구로의 전환 실패는 중국에서의 한국 정치, 외교, 법률·행정 연구가 학문 행위자를 중심으로 파악할 때 집단적 지식 단계에 머물러 있고 사회화 과정의 측면에서는 창조적 재구성으로 발전하지 못하고 있음을 의미한다.

대만에서 출현하는 고원형 S곡선모델 2도 중국과 비교할 때 시점과 연구의 양에서 차이가 있을 뿐 유사한 패턴이 반복되고 있음을 보여준다. 대만에서의 한국 정치, 외교 분야 연구는 중국보다 빨리 시작됐고 그 결과 세로축의 집단적 지식과 가로축의 학습의 단계에 이르는 시점이 중국보다 훨씬 앞서 있음을 알 수 있다. 하지만 1992년 한중수교라는 국제적 사건을 계기로 관련 분야의 연구가 심각하게 정체되는 모습을 보이고 있다.

중국과 대만에서의 고원형 S곡선모델의 차이를 살펴보면 중국에서 한국 정치, 외교 분야의 연구 문헌은 1992년 한중 국교 정상화를 기점으로 폭발적인 증가를 보이지만 질적 연구로의 단계 변환이 이루어지지 않는 반면 대만에서의 관련 분야 연구 문헌은 1992년 이후 양적으로 현저한 감소세를 띠고 있다는 점이다. 이는 시기적으로 한중수교가 중국과 대만에서의 한국 정치, 외교 분야 연구의 분수령으로 작용했음을 알게 하는 대목이다. 달리 말하면, 중국에서는 한중수교가 한국 정치, 외교 분야 연구의 기폭제로 작용해 이전까지 개인적 지식 단계에 머물던 한국 연구가 이후 집단적 지식 단계까지 급격히 확산되는 추진체로 작용한다. 반면, 대만에서는 1992년 이전 이미 집단적 지식 단계까지 확장된 한국의 정치, 외교 분야 연구가 한중수교라는 외교 관계의 변화로 인해 사회적 지식으로 확산되지 못하는 곡절을 겪게 된다. 즉, 한중수교가 중국과 대만의 한국 정치, 외교 분야 연구의 경로를 서로 상반된 방향으로 추동하는 전환점으로 작용했음을 알 수 있다.

지금까지 간략히 살펴본 것처럼 고원형 S곡선모델을 통한 분석은 근저까지 한국학 확산을 한국 연구 일반에 대한 양적인 팽창으로 간주해 온 학계와 유관기관의 분석에 문제가 있었음을 지적한 것이 한계에 이르렀음을 보여줌과 동시에 중화권에서의 한국학 확산을 위한 현실적인 전략 수립의 필요성을 제시하고 있다.

1-5. 중화권에서 고원형 S곡선모델의 출현 원인

이 부분에서는 중화권에서 원형 S곡선모델이 아닌 고원형 S곡선모델이 출현하는 원인에 대해 논의하고자 한다. 효율적인 논지 전개를 위해 지식의 확산 경로를 설명하는 세로축의 개인적 지식-집단적 지식-사회적 지식과 가로축의 선택적 흡수-학습-창조적 재구성 과정이 하나의 퍼즐로 맞물려 작동하는 과정에 대한 설명을 통해 중국과 대만의 한국 정치, 외교, 법률·행정 연구의 지식 축적 과정에서 고원형 S곡선모델이 등장하는지 살펴볼 것이다.

가. 개인적 지식과 선택적 흡수

S곡선모델에서 선택적 흡수는 외부의 학문이 처음 받아들여지는 단계를 의미한다. 이는 집합적 학문으로서의 한국학이 학자 개인의 관심이나 정책적 필요에 의해 중화권에 처음 도입되는 과정으로 이해할 수 있다. 어느 국가에서나 생소한 외국에 대한 연구는 지식 기반이 전무하던 시점에서 학자 개인의 학문적 열의에서 시작해 저변으로 확산되거나 정부가 정책 형성을 위한 기초 자료로 활용할 목적으로 해당 국가에 대한 연구를 권장하며 출발한다. 이런 현상은 서구에서 지역학이라는 개념이 처음 생겨나는 과정에서 잘 드러난다. 유럽에서 아시아, 아프리카, 중남미 등 생소한 지역에 대한 체계적인 연구는 제국주의가 식민지를 개척하고 이 지역을 통치하는 과정에 필요한 정보를 획득하기 위한 목적으로 시작됐다. 원활한 식민지 통치를 위해서는 식민지 원주민의 저항을 최소화하고 이들을 효율적으로 포섭, 통제하는 것이 필요했는데 이를 위해 식민지역의 문화, 종교, 관습에 대한 학습이 시작된 것이다. 당시에 지역학 연구를 주도한 학문은 인류학, 역사학, 문화연구와 같이 식민지 원주민의 생활을 파악하는 데 직접적으로 연관된 범주의 학문들이었다. 그리고 이런 연구를 실행한 초기의 학자들은 제국주의 정부의 의도와 상관없이 해당 지역에 대한 학문적 관심으로 관련된 연구를 진행해 온 소수의 열정적인 학자들이었다.

서구에서 비서구 세계에 대한 지식 축적의 계기가 정치적 목적을 실현하기 위한 수단에서 비롯됐다 할지라도 시간이 경과함에 따라 비서구 세계에 대한 학문적 관심은 점차 다른 분과 학문으로 확산돼 갔다. 그 결과 해당 지역에 대한 연구도 초기의 인류학, 역사학, 문화 연구의 범주를 벗어나 정치, 경제, 사회 분야에 대한 관심이 증가하며 연관된 분과 학문 사이의 종합적이고 체계적인 형태로 발전해 나갔다. 그 결과 현재 서구의 많은 대학에서는 지역학이라는 학제적 연구가 활성화됐을 뿐만 아니라 특정 국가나 지역 연구를 후원하는 정부와 기업의 지원도 큰 폭으로 증가했다. 서구에서 지역 연구가 발전하는 과정은 외부 세계에 대한 연구가 처음 도입되어 다음 단계로 넘어가는 과정을 설명하는 분석틀로써 S곡선모델과 고원형 S곡선모델의 선택적 흡수 단계와 일치함을 보여주고 있다.

　중국에서 한국학 연구가 처음 소개돼 점증적으로 확장되어 가는 모습도 처음에는 S곡선모델의 선택적 흡수 단계와 일치하고 있다. 한중수교 이전 중국의 한국 연구는 북한 연구를 위한 보조 기제로만 존재하는 모습을 보이고 있다. 한국과 중국이 수교를 맺은 1992년 이전은 자유주의와 공산주의 간의 대립이 국제정치를 지배하던 시기였다. 이 당시 중국 학계에서의 한반도 연구는 동맹국 북한에 대한 연구에 치중됐다. 냉전 구도에서 국가의 이익을 실현하고 공산주의 정치체제를 보호하기 위한 전략적, 정치적 목적이 자유로운 학문 연구를 제약하던 시기에 적성 국가인 한국에 대한 연구가 학자 개인의 관심에 따라 자율적이고 보편적으로 진행될 수 없는 상황이었기 때문이다. 그 결과 중국 학계에서 한국에 대한 자유롭고

독립적인 연구는 거의 존재하지 않고 북한 연구를 위한 부수적인 차원에서 한국에 대한 부분적인 언급이나 조사만이 존재했다.

한중수교 이전 중국 학계에서의 한국 연구가 선택적 필요에 의해 부분적으로만 흡수, 활용됐음은 중국에서의 한국학 연구 초기의 학문적 동기 및 발전 형태가 서구에서 비서구 세계에 대한 지역 연구가 등장했던 시기의 그것과 유사한 형태를 띠고 있음을 보여준다. 이는 서구의 지역 연구와 마찬가지로 중국에서 한국학 연구의 초기 경로를 설명하는 틀로써 S곡선모델이 가지고 있는 유용성을 입증하는 것이다.

대만에서의 한국 정치, 외교 분야 연구는 중국보다는 자유로운 분위기에서 진행됐다. 이는 비록 대만이 장제스라는 독재자에 의해 지배받는 비민주적인 정치체제를 유지했다 할지라도 학문에 대한 최소한의 자유는 보장하는 정치 시스템을 지니고 있었기에 가능했다. 물론 냉전 시기 중국과 맞서고 있는 대만에서 북한 공산주의의 침략 위협이라는 유사한 국제정치 환경에 처한 한국의 정치, 외교 분야에 대한 연구가 필요했음도 사실이다. 이는 대만에서의 관련 분야 연구가 중국과 달리 개인적 지식을 탐구하는 것과 국가 전략 차원에서 축적되기 시작했음을 시사하는 것이다. 비록 한국 연구에 대한 동기에서는 어느 정도 차이가 있지만 외부 학문으로서 한국 정치, 외교 분야에 대한 연구의 기원이 원형 S곡선모델과 고원형 S곡선모델 모두에 일치함을 알 수 있다.

나. 집단적 지식과 확산

원형 S곡선모델에서 학습은 외부 세계에 대한 연구가 처음 도입된 이후 관련 학문에 대한 학자들의 관심이 증가하고 해당 지역에 대한 정책을 수립하기 위한 정보의 필요성이 증가하면서 관련 분야의 연구가 빠르게 증가하는 단계를 지칭한다. 중국의 경우를 살펴보면 한중수교 이후 중국에서 한국에 대한 전략적 연구에 대한 수요가 급속히 증대했음을 알 수 있다. 정치적 필요성으로는 1978년 경제개혁을 시작한 중국이 한국의 국가 주도와 수출 위주의 경제성장으로부터 경제발전 모델을 차용할 필요가 있었음을 알 수 있다. 외교적으로는 성장하는 중국이 강대국으로 부상하면서 동북아시아에서 안정적인 질서를 유지할 필요에서 주요 외교 대상국으로 편입된 한국의 정치, 외교 분야를 연구할 필요성이 있었다. 특히 한반도에서 북한과의 충돌을 예방하고 아시아 태평양 지역에서 미국이 한국 외교와 국가전략에 미치는 영향력을 파악하는 것이 절실히 요구됐다고 할 수 있다. 이는 중국에서 한국이 수행하는 외교 정책 전반에 대한 연구가 급속히 팽창하는 배경으로 작용했다.

즉, 중국 정부가 한국을 이해할 필요성이 증가함에 따라 이에 부응하는 관련 분야의 연구가 이를 수행하는 연구자들 집단에서 대규모로 수행됐음을 암시한다. 이는 한중수교 이후 중국에서 한국 정치, 외교 분야 연구가 증가하는 과정이 서구에서 지역학이 확산되는 과정과 유사한 맥락을 띠고 있음을 보여줄 뿐만 아니라 S곡선모델의 세로축인 집단적 지식과 가로축인 학습의 과정이 일치함을 보여주는 것이다.

같은 단계에서 대만에서의 관련 분야 연구 또한 선택적 흡수와 개인적 지식이 상호작용하는 과정을 통해 꾸준히 증가하는 모습을 보이고 있다. 하지만 중국과 달리 국가 목표 달성을 돕는 전략 수립의 차원이라기보다는 비슷한 개발독재 정치체제, 발전국가 경제 시스템, 유사한 외부 위협의 직면, 공통된 유교 문화 요소들이 대만 학자들로 하여금 자율적으로 한국 정치, 외교 분야에 대한 연구에 몰두하게 만들었다. 대만의 사례는 외부에서 도입된 새로운 학문이 지식인 집단에 의해 학습되며 확산되는 전형적인 S곡선모델 형태를 답습하고 있다.

다. 사회적 지식과 창조적 재구성

서구에서는 외부 세계에 대한 지역 연구가 국가의 전략적 필요에 따라 추동력을 얻은 후 개인적 지식 차원에서 집단적 지식으로 확산됐다 할지라도 궁극적으로는 중국과 판이한 결과를 양산했다. 서구에서 해외 지역에 대한 학문적 관심은 지식을 공유하고 확산시키려는 학자들의 노력으로 사회적 지식의 단계로 올라서며 창조적으로 재구성되는 모습을 보인다. 이는 자유주의와 민주주의에 바탕을 둔 서구의 정치체제가 학문의 자유로운 탐구와 논의를 보장하기에 가능한 것이었다. 이와 달리 중국에서의 한국 정치, 외교, 법률·행정 연구는 양적인 팽창에도 불구하고 사회적 지식으로의 확산 과정을 통해 창조적으로 재구성되는 단계에 이르지 못하고 있다. 이는 중국 공산당이 일당 지배의 당위성을 위협할 수 있는 어떤 학문적 요소도 용인하지 않기 때문이다.

근본적으로 정치, 외교 분야는 다양한 정치, 경제 시스템하에서 각각의 정치행위자가 자신의 이익을 극대화하기 위해 협력, 갈등, 타협하는 과정에 대한 연구를 목표로 하고 있다. 이런 연구는 국가 건설과 민주주의를 성취하는 과정에서 시민사회와 정치집단이 주어진 제도하에서 전략적으로 상호작용하는 원인, 과정, 결과에 대한 연구에 집중하는데 이런 과정의 학습은 중국 권위주의 정치체제에 대한 도전과 위협을 초래할 수 있다. 다양한 정치집단이 외교와 국가정책 결정 과정에 더 많이 관여하고 경쟁하는 것을 당연하게 상정하는 정치, 외교 분야의 학문이 현 중국 정치체제에서 제약을 받을 수밖에 없는 근본적인 이유이다.

이로 인해 한중수교 이후 중국에서의 한국 정치, 외교 분야 연구가 양적으로는 급격히 팽창했음에도 문헌이 다루고 있는 실질적인 논의 내용은 여전히 국가의 전략 수립 요구에 부합되는 분야로 공급이 제한돼 있다. 현재 중국에서의 한국 정치, 외교, 법률·행정 분야의 확산 과정에서 일반적인 형태의 원형 S곡선모델이 아닌 변형된 형태의 고원형 S곡선모델이 출현하는 배경이다. 정리하면, 관련 분야의 양적인 팽창이 질적 연구로 전환되지 못한 상황이 계속되면서 창조적 재구성을 통한 사회적 지식으로 정착되지 못하는 현상이 장기간 이어지고 있다. 그리고 바로 이런 특징이 중국에서의 한국 정치, 외교 분야의 지식 확산 경로를 설명하는 데 있어 원형 S곡선모델이 아닌 변형된 고원형 S곡선모델의 도입 필요성을 뒷받침하고 있다.

대만은 중국과는 반대 이유로 같은 분야의 지식이 정체되는 양상이 나타나는 경우라고 할 수 있다. 한국과 중국이 비밀리에 국교를 정상화한 것은 대만 사회에 엄청난 충격과 파장을 불러일으켰다. 그전까지 대만과 한국은 미국의 동맹국가로 아시아에서 공산주의의 확장을 저지한다는 공통된 인식과 유대감을 형성하고 있었다. 하지만 대만의 주적인 중국과의 관계 정상화는 대만인들에게 한국이 대만을 배신하고 중국과 같은 편에 섰음을 의미하는 것으로 받아들여졌다. 예상치 못한 한국과 대만의 단교는 대만에서의 한국 정치, 외교, 법률·행정 분야 연구에도 적지 않은 변화를 불러일으켰다.

위에서 언급했다시피 한중수교 이전까지 중국에서는 한국 정치, 외교 분야에 대한 연구가 집단적 지식과 학습의 상호작용을 통해 상당한 수준으로 확장된 상태였다. 하지만 한중수교 이후 대만에서의 관련 분야 연구는 급격히 정체되는 경향을 보인다. 이는 연구문헌의 양적인 감소와 함께 질적으로 진전하지 못하는 결과로 이어졌다. 이는 의도치 않게 민주주의 국가인 대만에서의 한국 연구가 다른 자유민주주의 국가들에서 나타나는 해외 지역학 연구 패턴과 역행하는 형태로 나타났다. 그 결과 한중수교 이후 지금까지 대만에서의 한국 정치, 외교 분야 연구는 전형적인 S곡선모델이 아닌 중국에서 출현한 고원형 S곡선모델이 재현되는 상황이 계속되고 있다.

지금까지 살펴본 것처럼 고원형 S곡선모델은 중화권에서 진행되고 있는 한국 정치, 외교 분야에 대한 연구 패턴을 일목요연하게 압축적으로 보여주고 있다. 동일한 모델이 상반된 정치체제를 보유하고 있는 중국과 대만에서 동시에 출현했다는 것은 중화권에서 한국학을 확산시키기 위한 새로운 전략적 고민이 필요함을 제시하고 있다. 중국은 미국과 함께 국제 정치경제 질서의 주도권을 놓고 팽팽히 경쟁하는 강대국일 뿐만 아니라 세계 인구의 20% 이상을 차지하는 인구 대국이기도 하다. 이런 국가에서 한국의 정치, 외교, 법률·행정 분야뿐만 아니라 한국학 전반에 대한 내용을 사회적 지식으로 성공적으로 뿌리내리느냐의 여부는 한국학 세계화의 성패 여부를 판가름하는 이정표로 작용할 것이다. 대만은 비록 국가 규모가 작고 인구수가 중국에 비해 현저히 부족하다 할지라도 자유민주주의 국가에서 정치적 쟁점으로 한국학이 고전하는 이유를 보여주는 선명한 사례이다.

이처럼 고원형 S곡선모델은 중화권을 상징하는 중국과 대만에서 지금까지 진행된 한국 정치, 외교 분야의 연구 방향과 결과, 미래에 대한 예측을 체계적으로 제공한다는 점에서 유용성이 입증된다. 더불어 한국학의 세계화라는 목표를 위해 지금까지 한국학이 전파된 다른 나라의 사례를 분석하는 작업에도 적절하게 활용할 수 있을 것으로 기대된다. 이는 고원형 S곡선모델이 한국학의 국가별 발전 상황을 상호 비교해 유사한 패턴을 보이는 국가들을 범주화하고 각각의 국가들에 적합한 한국학 확산 전략을 수립하는 작업에 효과적인 방편으로 사용될 수 있음을 의미하는 것이다.

제2절 연구 방법: 사회연결망과 키워드 동시출현 분포도 기법

이 글은 중화권에서의 한국 정치, 외교 분야에 대한 연구가 어떤 지형도를 형성하고 있는지를 파악하기 위해 사회연결망 분석 방법 (social network analysis)을 사용하고 있다. 사회연결망 분석 기법은 표면적으로 드러나지 않는 각 학문 행위자 사이에 형성된 연결고리를 추적해 하나의 학문과 지식구조를 확대 재생산하는 과정에서 학자들 사이에 형성된 긴밀한 협력 관계 내지는 상호 영향을 주고받는 일종의 학문적 질서를 파악하기 위해 사용된다. 학문을 수행하고 지식을 체계화하는 주체 사이에 형성된 연결망이 사회적으로 어떤 의미를 지니고 있는지를 파악하는 작업은 중화권의 한국학 관련 분야의 전파 경로, 현황, 미래를 예측해 중화권 내 관련 한국학 분야에 대한 지원을 체계화하는 정책을 수립하고 이를 집행하는 과정에 중요한 역할을 수행할 것이다.

사회연결망 분석 방법은 정치행위자가 각자의 행동을 결정하는 데 있어 그 결정에 영향을 미치는 다양한 행위자와 연결돼 있음을 전제로 하고 있다. 정치행위자의 의사결정은 다른 행위자의 관여나 영향이 배제된 일방적인 흐름에 의해 이루어지지 않는다. 보편적인 정치 행위는 영향을 주는 쪽과 받는 쪽이 동시에 존재하고, 이 관계를 형성하는 쌍방향 행위자도 각각 그들의 사고, 결정 과정, 행동에 영향을 주고받는 또 다른 행위자와 연속적으로 연결돼 있다. 이와 같은 사회적 연결망이 광범위하고 중첩적으로 거미줄처럼 연결돼 하나의 사회구조를 형성하게 된다. 이는 특정한 사회구조의 발현이 각각의 사회연결망을 이루는 복잡한 흐름과 과정이 반영된 결과임을 의미한다. 또한, 사회연결망의 씨줄과 날줄을 형성하는 특수한 사상, 전통, 신뢰, 문화로 연결된 사회의 내적 구조가 얼마나 강하게 엮여 있는지를 파악하는 것은 한 사회구조의 지속성과 변화 여부를 예측할 수 있는 중요한 요소로 간주된다.

　사회연결망 분석이 중요한 이유는 이 연결망을 지배하고 있는 사고와 연결망을 형성하고 있는 행위자 간의 연대 의식의 정도가 약해질 때 기존의 지배적인 제도, 의식, 문화에 변화가 초래될 수 있기 때문이다. 이는 시대의 필요에 부응하지 못하는 사회구조를 대체하는 새로운 가치, 지식, 이념이 전파될 수 있는 공간이 창출될 기회를 제공할 뿐만 아니라 궁극적으로 새로운 사회구조의 등장을 가능하게 한다. 과거의 사회연결망을 약화시켜 변화를 발생시키기 위해서는 새로운 가치, 지식, 이념을 확산시키는 통로가 필요한데 이 과정에서 다른 행위자보다 더 중요한 역할을 담당하는 핵심행위자가 존재해야 하는데 본 연구에서는 이들이 사회연결망 분석에서 차지하는 위상을 '핵심행위자(core influencer)', 이들 핵심연구자를 중심으로 형성된 강한 연결고리를 '매듭(node)'으로 지칭한다. 즉, 한 명의 핵심연구자가 얼마나 많은 매듭을 형성하고 있고 이 매듭을 중심으로 뻗어 나간 사회연결망의 분석을 통해 하나의 사회구조가 형성되는 과정 및 상호 간의 관계를 파악할 수 있음을 가정으로 하고 있다.

본 연구가 목표로 하는 중화권에서의 한국학 지형도 제작도 위에서 언급한 사회연결망 분석 방법을 통해 중화권 지식체계에서 한국학이 도입되고 확산되는 과정을 추적할 수 있다는 논리에 근거하고 있다. 즉, 새로운 지식으로서 한국의 정치, 외교 분야에 대한 연구가 중국에 도입되는 과정과 이후 전파 과정에서 중요한 기능을 수행한 학자, 연구기관, 학술지를 중심으로 형성된 사회연결망 추적을 통해 어떤 학자, 연구기관, 학술지가 핵심행위자로 활동했고 이들 핵심행위자를 중심으로 형성된 매듭이 어떤 형태로 확장되는지를 파악한다면 중화권에서 과거 한국 정치, 외교 분야에 대한 연구가 전파된 경로, 현재 중화권 지식체계에서 위의 연구가 차지하는 위상, 그리고 미래의 전망을 예측할 수 있을 것이다.

사회연결망을 바탕으로 형성된 사회구조에는 유형의 사회구조와 무형의 사회구조가 있다. 유형의 사회구조가 유형의 사회연결망을 바탕으로 형성된 구조라면, 무형의 사회구조는 무형의 사회연결망을 기반으로 형성됐다고 할 수 있다. 유형의 사회연결망은 특정한

계층, 정치이념, 경력, 지역을 기반으로 형성된 조직과 이익집단 등을 들 수 있다. 한국 사회에서 이를 대표하는 사례로는 강력한 정체성과 조직력을 갖추고 있는 다양한 향우회, 교우회, 시민단체 등을 들 수 있을 것이다. 이들 조직은 각 구성원이 사회에서 체험한 위상에서 비롯된 공유 의식에 근거해 공통의 이익을 추구하려는 노력을 보인다. 무형의 사회연결망으로는 지식, 문화, 이념을 전파시키는 연결망을 사례로 들 수 있겠다. 이들 무형의 사회연결망은 눈에 드러나지는 않지만 공통된 학문적 관심, 정형화된 이념이나 믿음, 반복된 행위를 통해 체득된 문화나 종교의식 등을 들 수 있다. 무형의 사회적 연결망이 행사하는 영향력이 향상되고 이후 집단적인 이익을 추구하기 위해 조직화된다면 유형의 사회연결망으로 확대, 개편될 수 있을 것이다. 하지만 그 영향력이 한정된 소수의 지지만을 획득하거나 제한된 영역에만 머무른다면 무형의 연결망이 지식의 확산이나 정책 결정에 발휘하는 영향력은 미미한 수준에 머물 것이다.

사회연결망이 특정한 사회구조의 형성과 변천 과정을 분석할 수 있는 이유는 얼핏 독립적으로 연결된 것처럼 보이는 매듭이 사실은 각각의 매듭을 상호 연결하는 더 큰 네트워크를 구성하는 하나의 구성요소에 불과하며 실제로는 이들 각각의 매듭이 연결돼 더 큰 구조를 형성하는 총체적 연결망이 존재함을 밝혀주기 때문이다. 이런 점에서 사회연결망 분석 방법은 각각의 매듭이 연결돼 형성된 하나의 '군집(cluster)'과 인접한 다른 군집들에 대한 종합적 분석을 통해 이들이 하나의 구조 속에서 작동하는 동학을 총체적으로 보여주는 장점을 지니고 있다.

본 연구는 중화권에서의 한국학 확산을 하나의 지적 구조 형성 과정으로 바라본다. 이는 기존에 존재하는 중화권의 지식체계에 한국의 정치, 외교, 법률·행정 분야가 기존에 존재하지 않는 사회연결망을 통해 점차 확산되면서 새로운 지적 구조를 형성하는 과정을 분석하고 있음을 뜻한다. 중화권 학계에서의 새로운 지식구조 형성 과정을 조사하기 위해 이 글은 사회연결망 분석 방법을 지식구조 파악에 적용하기 위해 계발된 키워드 동시출현 분포도 분석 기법을 차용한다. 키워드 동시출현 분포도 분석 기법은 특정 학문의 연구 경향, 확산 경로, 매듭과 군집의 상호 연결성, 이 과정에서 핵심행위자가 수행하는 중심적 역할(중심성, centrality)에 대한 총체적 분석을 통해 지식구조의 형성과 확장 정도를 추적하는 방법이다.

키워드 동시출현 분포도 기법은 기존에 널리 수행됐던 키워드, 저자, 학술지, 연구기관의 출현 빈도를 기반으로 진행했던 서지 조사가 제공하지 못했던 미흡한 부분을 보완하는 기능을 지니고 있다. 기존의 서지 조사는 조사 대상에 등장하는 키워드, 학자, 학술지, 연구기관의 출현 빈도수 측정을 통해 해당 연구 주제, 학자, 학술지, 연구기관이 지닌 영향력을 파악했다. 하지만 서지 조사가 제공하는 정보의 유용성에도 불구하고 이런 유형의 조사는 지식구조가 형성되는 과정에 대한 체계적이고 종합적인 정보를 제공하는 데 한계가 있었다. 이와 달리, 키워드 동시출현 분포도 분석 기법은 앞에서 설명한 것처럼 개인-매듭-군집의 형태로 확산되는 연결망에 대한 총체적인 그림을 제공한다는 점에서 새로운 지식구조의 출현과 정착 과정에 대한 보다 세밀하고 엄밀한 정보를 제공하는 장점이 있다.

중화권에서의 한국 정치, 외교 분야 연구에 대한 체계적 지형도 작업에 사용된 사회연결망 분석과 키워드 동시출현 분포도의 용어를 정리하면 다음과 같다. 사회연결망 분석 방법에서 지칭하는 기존의 사회구조는 키워드 동시출현 분포도 기법에서는 중화권의 종합적 지식구조를 뜻한다. 그리고 사회연결망 분석 방법에서 언급되는 새로운 사회구조는 키워드 동시출현 분포도 기법에서는 한국학 확산을 통해 형성되는 새로운 지식구조를, 사회연결망 분석 방법에서 지식의 확산 정도, 유형, 현황을 보여주는 사회연결망은 키워드 동시출현 분포도 기법에서는 지식생산자 간의 상호 연결 통로를 각각 뜻한다. 끝으로 핵심행위자는 양쪽 모두에서 지식구조 형성에 중요한 공헌을 한 주요 학자, 학술지, 연구기관을 의미한다.

키워드 동시출현 분포도 기법을 활용하기 위해 이 글은 중국의 중국학술논문 데이터베이스(CNKI)에 실린 1949년부터 2017년까지의 학술논문과 학술서적을 분석했다. 대만 문헌의 분석을 위해서는 2000년 대만 중앙연구원에서 출판된 <중한관계논저목록(中韓關係論著目錄)>과 대만의 학술검색 데이터베이스인 AIRITI LIBRARY (華藝線上圖書館)를 활용해 기존 목록자료집에 포함되지 못한 2000년 이후 시기의 문헌을 부석했다. 이 밖에 중국의 한국학연구소와 학술잡지를 정리한 기존의 다양한 자료를 활용해 주요 학자, 연구기관, 학술잡지에 대한 분석을 진행했고 현지 조사와 학술회의를 통해 획득한 정보를 추가해 분석의 신뢰를 높이기 위해 노력했다. 마지막으로 다양한 학자와의 인터뷰를 통해 관련 한국학 분야에 대한 기존 연구의 단점을 듣고 이들이 생각하는 정책 제안을 반영하는 과정을 거쳤다.

　키워드 동시출현 분포도 기법에서 중국의 종합적 지식구조, 새로운 사회구조는 한국학 확산을 통해 형성되는 새로운 지식구조, 지식의 확산 정도, 유형, 현황을 보여주는 사회연결망은 키워드 동시출현 분포도를 통해 파악된 지식생산자 간의 상호 연결 통로, 핵심 행위자는 한국학 연구를 주도하는 주요 학자, 연구기관, 학술지를 의미한다.

제3절 정책적 함의의 체계화

제3절에서는 제1절에서 논의한 고원형 S곡선모델과 제2절에서 논의한 키워드 동시출현 분포도 분석 방법 결과에 기초해 중화권에서 한국학을 확산시키기 위한 전략적 방법에 대해 간략히 논의하도록 하겠다. 본 연구에 바탕을 둔 구체적인 정책적 제안은 이 책의 결론 부분에서 자세하게 논의할 예정이므로 이 절에서는 중화권에서의 한국학 확산의 경향을 보여준 모델과 방법론의 연장선에서 한국 정치, 외교 분야가 중화권에서 당면하고 있는 문제를 아웃바운드(outbound)와 인바운드(inbound)라는 두 개념을 적용한 이론적 측면에서 서술하고자 한다. 아웃바운드는 한국학의 세계화라는 성과물을 얻기 위해 고려돼야 할 정책적 함의 중 한국학의 세계화와 중국학의 세계화가 상호 충돌하면서 발생하는 갈등에 대한 전략적 고려를 지칭하기 위해 고안된 용어다. 반면, 인바운드는 한국학의 세계화 작업이 중국과 대만의 정치적, 외교적 환경에 부딪혀 발생

하는 제약을 극복하기 위해 고려해야 할 전략적 요소를 설명하는 개념이라고 할 수 있다.

3-1. 아웃바운드(Outbound): 확장 지향적 한국학과 중국 특색의 충돌

한국학의 세계화는 현재 한국 정부가 해외에서 한국학의 세계화라는 기치를 내걸고 추진하는 의욕적인 작업이다. 한국학의 세계화를 추진하는 대표적인 기관으로 한국학중앙연구원을 들 수 있다. 한국학의 세계화를 담당하는 직접적인 기관은 아니지만 한국국제교류재단(Korea Foundation), 한국국제협력단(KOICA) 등도 한국 문화와 가치의 확산, 국제교류증진, 한국 이미지 개선을 위해 다차원적인 노력을 기울이고 있다. 일면 한국학의 확산과 관계가 적어 보이는 한국국제교류재단과 한국국제협력단을 한국학중앙연구원과 함께 언급한 이유는 위의 기관들이 모두 한국의 소프트파워를 형성시켜 국가 이익을 증진시키려는 공통된 목적을 지니고 있기 때문이다.

한국학의 세계화는 궁극적으로 한국학을 해외에서 확산시키는 것을 목표로 하고 있고 이 목표의 실현을 위해 가장 중요하게 간주되는 대상이 중화권, 특히 중국이라고 할 수 있다. 이 점에 착안해 이 소절에서는 한국학의 아웃바운드 정책이 현재 중국이 추진하는 '중국 특색의 이론화' 정책과 충돌하는 지점에 초점을 맞춰 설명하고자 한다. 왜냐면 강대국으로 부상한 중국이 다양한 범주에서 중국적 가치와 특색을 강조하면서 한국학의 중국 영토 확장을 근본적으로 가로막는 장벽을 설치하고 있고 이에 대한 충분한 이해가 전제되지 않는다면 중국 공략을 위한 정책이 효과를 발휘하기 힘들기 때문이다.

본 연구에서 아웃바운드는 세 가지 개념으로 쓰인다. 첫째 개념은 한국학의 세계화 추진 정책을 의미한다. 둘째 개념은 중국이 추진하는 중국 특색의 세계화 정책을 지칭한다. 셋째 개념은 외부로의 확장성을 강조하는 상반된 요소가 상호 충돌하는 현상을 지목한다. 첫째 개념에 대해서는 본 연구의 목표가 한국학의 확산을 촉진하기 위해 중화권에서 지금까지 진행된 한국학 연구 경향과 전개 과정을 파악한 후 한국학 확산의 제약 요인을 분석하고 이에 대한 합리적 대안을 제시하는 것이기에 별도의 추가적인 설명이 필요 없을 것으로 보인다.

둘째 개념은 현재 중국 정부와 학계가 중국의 부상을 합리화하고 중국 정치체제를 정당화하기 위한 목적에서 진행하고 있는 다양한 이론화 작업을 규정하는 작업이다. 비서구 국가이자 공산당 일당이 지배하는 권위주의 정치체제를 유지하고 있는 중국이 자국의 부상이 불러올 위협에 대한 세계의 우려를 상쇄하기 위해 다양한 학문적 논의를 전개하고 있다. 이런 작업은 사실 중국이 개혁개방을 시작하면서 공산주의 국가이면서도 세계 자본주의 경제 질서에 참여하는 자국의 결정을 정당화시키기 위한 노력에서 시작됐으며 '중국 특색의 사회주의'라는 논의로 잘 알려져 있다. 하지만 중국의 경제가 지속적으로 성장하고 중국이 군사, 외교 분야에서 강대국으로 부상하면서 '중국 특색의 경제발전론', '중국 특색의 소프트파워', '중국 특색의 세계화', '중국 특색의 민주주의', '중국 특색의 국제

정치이론', '중국 특색의 공공외교'에 이르기까지 전방위적으로 확산되는 경향을 보이고 있다.

중국만의 특수한 가치와 모델을 강조하는 이런 주장의 등장은 모두 중국의 강대국화에 대해 서구와 주변 국가가 가지는 염려와 두려움을 축소시키기 위한 전략 차원에서 개발됐다. 이런 주장들이 중국에서의 한국학 확산과 관련해 발생시키는 문제점은 중국이 추진하는 중국 특색의 이론화 전략이 넓은 의미에서 '중국학의 세계화' 전략과 일치하기 때문이다. 현재 중국 정부가 추구하는 정책은, 중국학이 중국의 인문학, 사회과학, 자연과학에 대한 포괄적인 연구라는 고유의 영역을 넘어, 중국의 국익 보호라는 정치적 목적하에 의도적이고 전략적인 차원에서 학문을 조작적으로 정의하고 있다는 점이다. 그리고 엄밀한 학문적 검증 과정이 생략된 채 국제 학술 무대에서 이와 같은 주장들이 우후죽순으로 논의되고 있는 것이 현실이다. 이는 중국의 국력을 등에 업고 중국학의 범위가 고유한 전통 학문의 범주와 영역을 넘어 중국 정부가 인위적으로 생산해 내는 정치적 슬로건까지 포괄하며 무한대로 확장되고 있음을 보여준다.

중국의 중국학 생산 과정은 한국학이 중국에 확산되는 것을 가로막는 근본적인 장애물로 작용하고 있다. 예를 들면, 중국 특색의 국제정치이론을 자세히 들여다보면 과거 동아시아 또는 아시아에 형성됐던 전통적인 국제질서의 근원을 중화주의로 해석하는 내용이 대부분이다. 문제의 핵심은 중화주의의 유지를 가능하게 했던 핵심

제도로 조공체제를 언급하고 있는데 조공체제에 참여했던 대표적이고 모범적인 사례로 과거 한국의 왕조를 언급하고 있다는 점이다. 이는 한국학의 주요 모체인 한국 역사, 한국 사상, 한국 문화를 전면 배격하거나 격하시키는 행위이자 한국학의 중국 진출 시 학문적으로 충돌할 수밖에 없는 전선으로 작동할 것이다. 이 외에도 중국이 추진했던 동북공정 또한 한국 역사와 중국 역사의 첨예한 대립을 보여주는 사례라고 할 수 있다. 요약하면 중화권에서 한국학 확산을 설명하는 고원형 S곡선모델과 3장과 4장에서 방법론으로 착안한 키워드 동시출현 분포도 분석 기법을 통해 분석한 중국에서의 한국학 연구가 당면한 문제점이 입증하듯이 한국학의 중국 본토 확산을 위한 아웃바운드 전략이 중국이 인위적으로 개발하고 있는 중국학 세계화 전략과 충돌하는 것을 해결하는 방안을 모색하기 위한 진지한 고민이 요구되고 있다.

3-2. 인바운드(Inbound): 중화권에서의 한국학 정착의 정치적 장벽

1992년 한국과 중국이 국교를 정상화하면서 중화권에서 한국학 연구에 대한 중대한 변화가 발생했다. 주목을 받는 가장 큰 변화는 이전까지 한국에 대한 연구가 제한적으로 진행되던 중국에서 한국 연구에 대한 수요가 급격히 팽창했다는 점이다. 또 다른 변화는 같은 시점까지 한국에 대한 연구가 활발히 진행되던 대만에서의 한국 연구가 감소하기 시작했다는 점이다. 중국, 대만에서 발생한 한국학 연구의 이와 같은 변동은 정치, 외교, 법률·행정 분야에서도 눈에 띄게 나타났다. 정치, 외교 분야 한국학 연구에서의 추세 변화는 한중수교의 정치적 결과가 한국학 연구 동향에 직접적인 영향을 행사하고 있음을 보여주는 것이다.

 한중수교 이후 중국 내부에서는 한국에 대한 전문 지식의 요구가 광범위하게 증가했다. 특히 한중관계와 한반도를 둘러싼 동북아시아 국제정치의 중요성에 대한 인식이 증가하면서 한국 정치, 외교 분야에 대한 연구의 필요성이 급증했다. 하지만 주목해야 할 점은 관련된 한국 분야에 대한 연구 중에서도 한국의 외교와 안보에 대한 연구는 지속적으로 증가하는 반면 국내 정치, 법률, 행정 분야에 관련된 연구는 여전히 우선순위에서 멀리 있다는 점이다. 정치, 외교, 법률·행정 분야의 연구에서 이와 같은 차별성이 드러나는 이유는 두 가지 이유에서 기인한다. 우선 한중수교 이후 중국 외교에서 한국, 더 정확히는 한반도가 차지하는 비중이 높아졌다는 것이다. 특히 1993년 말 북한의 핵개발로 시작된 한반도 정세의 불안정은 북한의 동맹이자 한반도 문제의 직접적인 이해당사자인 중국으로 하여금 한국의 외교와 안보에 대한 더 많은 이해를 필요하게 했다. 아울러 중국의 고도성장으로 인한 강대국화는 미국과의 경쟁을 피할 수 없게 만들었고 이는 미국의 중국 외교정책과 동아시아 전략의 핵심 파트너인 한국 외교 전략에 대한 수요를 급격히 증가시켰다. 결국 중국의 한국학 연구에서 한국 외교와 안보에 관련된 연구가 국내 정치나 법률·행정 분야에 비해 비대칭적으로 증가한 까닭은 중국의 전략적 이익을 확보하기 위한 노력이 반영된 결과라고 할 수 있다.

 다음으로 중국 정치체제의 성격이 한국 정치의 다양한 분야에 관한 연구를 근본적으로 제약한다는 점이다. 주지하다시피 중국은 공산당 일당이 권력을 독점하고 있고 이는 자유로운 학문 탐구의 추구를 가로막는 결정적인 장애물로 작용하고 있다. 현재 중국 학계에서는 한국뿐만 아니라 서구 국가의 정치체제를 이해하기 위한 다원적인 연구가 이루어지기 어려운 상황이다. 가장 중요한 원인은 중국과 상이한 정치체제를 지닌 국가들에 관한 연구는 국가와 사회의 경쟁, 시민사회의 자율성, 정당과 이익집단의 역할 등에 대한 고찰이 전제돼야 하기 때문이다. 하지만 이와 관련된 연구는 필연적으로 자유주의 정치사상, 절차로서의 민주주의, 인권, 선거, 자유주의 시장경제 등 중국의 정치체제를 위협할 수 있는 주제에 관한 토론과 논의를 활성화시키는 부작용을 초래할 수 있다. 이상의 두 가지 정치적 이유로 인해 중국에서 한국 정치, 외교, 법률·행정 분야에 관한 연구는 주로 외교와 안보 분야에 편중되는 비대칭적 결과를 양산해 왔으며 이런 추세는 앞으로도 계속될 것으로 예상된다.

대만은 중국과는 다른 이유로 한국 정치, 외교, 법률·행정 분야의 연구가 약화되는 경향을 보이고 있다. 한중수교 이전까지 한국과 중국은 미국이 주도하는 동아시아 국제질서에서 미국의 동맹국으로 기능했다. 이는 냉전시대 동아시아 발전국가들이 미국이 제공하는 안보와 경제 시스템의 도움으로 비약적인 경제발전을 성취하면서 권위주의 정치체제에서 민주주의로 성공적으로 전환하는 동인으로도 작동했다. 정치, 경제, 안보에서 한국과 비슷한 경험을 지니고 있고 문화적으로 공유된 정체성을 지니고 있던 대만에서 한국에 관한 연구가 활발히 진행된 것은 어찌 보면 자연스러운 학문적 결과라고 할 수도 있다. 하지만 대만과 적대 관계를 유지하는 중국과의 국교 정상화는 정치적으로 대만에 심각한 타격을 입혔다. 특히 중국과의 공식적인 외교 관계 형성이 대만과의 단교를 전제로 한다는 점에서 대만이 급변한 한국 외교정책에서 느끼는 심리적 배신감 또한 컸다. 한국과 대만의 외교 관계 단절은 대만에서 한국 연구의 필요성을 급격히 축소시켰고 그 결과 오랜 기간 축적된 한국 정치, 외교, 법률·행정 분야에 대한 지식이 사회적 지식으로 확산되는 것을 차단하는 주요 원인으로 작용했다.

지금까지 살펴본 것처럼 중국과 대만에서 한국 정치, 외교 분야에 관한 연구 현상의 변화는 한국학의 중화권 확산에 중요한 함의를 제공하고 있다. 첫째, 정치적 요인이 한국학 확산의 계기와 장벽으로 동시에 작용하고 있다는 점이다. 중국에서는 한중관계 정상화라는 외교사적 전환점이 한국 정치, 외교 분야에 관한 연구를 확산시키는 기회로 기능했다. 하지만 정치적 이유로 인해 관련 한국학 분야 중 외교, 안보에 관한 연구는 급속히 증가하는 경향을 보이고 있으나 국내 정치, 법률, 행정 분야에 관한 연구는 상대적으로 정체되는 현상을 보이고 있다.

둘째, 중국과 달리 대만에서의 한국 정치, 외교 분야에 관한 연구는 중국에서 같은 분야에 대한 한국 연구가 증가하는 기점을 계기로 하락세로 돌아섰고 그 추세가 지속되고 있다는 점이다. 이는 역설적으로 대만 외교와 학계에서 한국의 중요성이 감소했다는 것을 의미하며 현재의 상황을 변화시킬 수 있는 극적인 변화의 동력이 부여되지 않는 한 대만에서의 한국학 확산에 대한 기대가 난망함을 시사하고 있다.

  셋째, 중국과 대만의 사례는 정치와 학문이 가지고 있는 역설적인 관계를 입증하고 있다. 즉, 동일한 정치적 사건이 중화권에 속한 두 나라에서 상이한 학문적 결과를 배태했다는 것은 현재의 정치, 외교적 상황이 계속되는 한 향후에도 중화권에서의 한국학 확산을 추진하는 작업이 현상을 유지하는 데 급급하거나 더 어려운 난관에 봉착할 수 있음을 암시하는 것이다. 이와 관련된 최근의 사례로 한국의 사드 배치 이후 중국이 시행한 한한령으로 한국 기업과 문화 산업이 중국에서 겪고 있는 어려움을 들 수 있다. 중국은 미국과의 치열해지는 패권경쟁 과정에서 민족주의, 애국주의를 고양시키는 작업에 전력하고 있으며 이는 한국의 고유한 특성을 강조하는 한국학, 한국 정치체제와 사회구조의 우월성을 강조하는 한국 정치, 법률, 행정 분야에 관한 연구가 극히 제약될 수 있음을 예고하는 대목이다.

  유사한 사례로 한국과 중국이 외교적으로 공을 들인 공공외교를 언급할 수 있다. 2013년 한국에서 박근혜 정부가 출범한 이후 양국은 상호 이해를 촉진하고 양국에 대한 우호적인 이미지를 향상시키기 위한 목적으로 공공외교를 본격적으로 추진했다. 공공외교는 두 나라의 선린관계를 대표하는 외교적 치적으로 홍보됐으나 사드 사태 이후 양국 간 진행되던 다양한 공공외교 행사가 전면 중단되거나 기약 없이 미뤄지는 상황이 속출했다. 이는 중국 학계에서 진행되던 한중 공공외교 연구 방향에도 커다란 변화를 발생시켰다. 단적인 예로 사드 배치 이전까지 한국 정부기관과 학계의 초청으로 한국을 방문해 한중 공공외교의 중요성을 강조하던 수많은 중국학자 중 학문적 시각에서 한국의 국제정치적 입장을 고려한 학자는 거의 전무하다시피 했다. 중국과 대만에서 한국 정치, 외교 분야 연구의 확산이 당면하고 있는 과제는 비단 중화권에 국한된 경우는 아닐 것으로 추정되며 이는 한국학 확산을 위한 전략이 정치, 외교적인 요소를 고려한 종합적인 판단 위에 계획되고 추진됐을 때 원하는 결과를 얻을 수 있음을 증명하는 것이다.

제3장

중국의 정치·외교 분야
거시 지식지형도 분석

제1절 중국 내 한국 정치·외교 분야 주요 연구기관

1-1. 북경지역

가. 개혁개방논단 동아시아연구센터

개혁개방논단은 중국 공산당 중앙당교의 연구기관으로 산하에 1994년 동아시아연구센터를 설립했다. 2006년 한반도와 주변 정세 분석을 담당하는 한반도평화연구센터를 개설했고 이를 2015년 동아시아 지역의 외교와 안보를 전문적으로 연구하는 동아시아연구센터로 확대했다. 이곳에는 한반도를 연구하는 자체 인력 외에도 중앙당교의 장렌구이, 중국국제문제연구원 아태연구소 소장 위샤오화 등이 객원 연구원으로 있다. 홈페이지 주소는 http://www.crf.org.cn.

나. 중국사회과학원 산하 아태글로벌전략연구원/세계경제정치연구소

중국사회과학원은 중국 내 철학과 사회과학 연구를 전담하는 최고 수준의 연구 교육기관 중 하나로 1977년 설립됐다. 이곳에서 한반도 연구를 전담하는 곳은 부속 기관인 아태글로벌전략연구원과 세계경제정치연구소다.

아태글로벌전략연구원은 1988년 아태연구소를 출범했고 2012년 현재의 글로벌전략연구원으로 확대됐으며 아시아 태평양 지역 국가들의 정치, 외교, 안보, 경제 문제들을 집중적으로 연구하고 있다. 현 원장은 리샹양이며 한반도 문제를 전담하는 연구원으로는 파오젠이 동시양롱, 진인진 등이 있다. 홈페이지는 http://www.iapscass.cn.

세계경제정치연구소는 1980년 중국사회과학원 산하 연구소인 세계정치연구소와 세계경제연구소를 통합해 세계경제정치연구소로 재출범했다. 세계 경제의 주요 쟁점을 분석해 중국 정부의 세계 경제 전략 수립에 필요한 정보와 자료를 제공하고 있다. 한반도와 관련된 쟁점을 분석하고 있으며 현 소장은 장위옌이다. 홈페이지는 http://www.iwep.org.cn.

다. 중국국제문제연구원 아태연구소

1956년 중국과학원 국제관계연구소로 출범했고 1998년 국무원에서 외교부 산하 정책연구기관으로 변경했다. 중국 국가발전 전략에 부합하는 국제 전략을 연구하고 있으며 쑤거(苏格)가 현 원장으로 재직 중이다. 산하에 아시아 태평양 지역을 연구하는 아태연구소가 있으며 이곳에서 한반도 문제를 연구하고 있다. 소장은 류징이며 연구진은 양시위, 위샤오화, 우징징 등이 있다. 홈페이지는 http://www.ciis.org.cn.

라. 현대국제관계연구원 조선반도연구실

1965년 비공개조직으로 설립됐다. 1980년 국무원 국가안전부 산하 공개 연구기관으로 전환됐다. 2003년 현대국제관계연구소에서 현대국제관계연구원으로 개편됐다. 세계정치, 경제, 국제 전략, 지역 안보 등을 연구하고 있으며 현 원장은 리즈예(李志业)이며 산하 조선반도연구실에서 한반도 문제를 전담하고 있다. 주임은 리쥔이며 연구진으로는 왕푸동, 천상양 등이 있다. 홈페이지는 http://www.cicir/ac.cn.

마. 인민해방군 군사과학원

중앙군사위원회 산하 연구기관으로 1958년에 설립됐고 군사기초이론, 군사전략 등을 주로 연구하고 있다. 현 기관장은 양쉐진(杨学军) 중장이며 산하에 8개 군사 관련 연구원을 두고 있다. 군사 업무의 특성상 비공개로 운영되며 한반도 관련 연구 부서를 따로 운영하지는 않지만 아시아아프리카군사연구실 주임 왕이성이 한반도 관련 안보를 연구하고 있다. 한국 국방연구원과 자매결연을 하고 있다.

바. 북경대학 국제관계학원 국제전략연구원

2007년 국제관계학원에 설립된 연구소로 이전에 존재하던 국제관계연구소와 아시아아프리카연구소를 통합해 설립됐으며 2013년 현재의 이름으로 개정했다. 국제문제 전반에 관한 연구를 수행할 뿐만 아니라 학자와 외교전문가를 양성하는 중국의 중요 교육기관이다. 중국 국제정치 분야를 대표하는 학술지인『국제정치연구』를 계간으로 발간하고 있다. 현 원장은 왕지스(王缉思)며 한반도 관련 쟁점을 연구하는 학자로는 왕이저우, 지아칭궈, 장샤오밍 등이 있다. 홈페이지는 http://www.ciss.pku.edu.cn.

사. 칭화대학 당대국제관계연구원

칭화대학에 있던 국제문제연구소, 국제관계학과, 정치학과를 통합해 2010년도에 설립됐으며 국제안보, 국제경제, 동아시아와 군축 등 국제정치 전반에 관한 연구를 진행하고 중국을 대표하는 연구와 교육기관 중 하나다. 국제정치 분야의 대표적 학술지인『국제정치과학』을 발행하고 있으며 옥스퍼드대학 출판사와 연계해 중국 국제정치학 분야에서 유일하게 SSCI에 등재된『Chinese Journal of International Politics』를 발간하고 있다. 현 원장은 옌쉐퉁(阎学通)이며 한반도만을 전담하는 연구진은 없으나 국제정치와 동아시아 안보 차원에서 한반도 문제를 분석하고 있다. 홈페이지는 http://www.rwxy.tsinghua.edu.cn/xi-suo/instiute.

아. 중국국제전략학회 아시아태평양안보연구센터

1979년 10월 북경국제전략문제학회로 출발했으며 1992년 현재의 명칭으로 변경됐다. 국제 전략, 글로벌안보 세계정치경제 등을 주로 연구하고 있으며 현 원장은 순젠궈(孙建国)이고 산하에 있는 아시아태평양안보연구센터에서 한반도 문제를 다루고 있다. 홈페이지는 http://www.ciiss.org.cn.

자. 중국 정법대학 한반도연구센터

2012년 공공관리학원 부속 연구기관 중 하나로 설립됐다. 대표적 한반도 전문가인 치바오량(戚保良)이 주임으로 재직하고 한시엔동(韓献栋)이 집행 주임으로 근무하고 있다. 홈페이지는 http://www.cupl.edu.cn.

차. 차하얼학회

2009년에 설립된 비정부기구로 중국의 공공외교를 전담하는 연구기관이다. 제주포럼, 의정부 공공외교포럼에 정기적으로 참여하고 있다. 학회장 한팡밍(韩方明)으로 전임연구인력이 아닌 중국 내의 다양한 전문가로 구성돼 있는 특징으로 인해 한반도를 연구하는 전문 인력은 없으나 왕위웨이, 주펑 등 다수의 한반도 전문가가 협업하고 있다. 홈페이지는 http://www.charhar.org.cn.

1-2. 상해 지역

가. 상해 국제문제연구원 아시아태평양연구센터

1960년 상해국제문제연구소를 설립한 후 2008년 현재의 상해국제문제연구원으로 개편됐다. 중국 정부와 상해시 정부에 국제정세 분석 자료 제공 및 국제 전략을 수립해 제공하고 있다. 현 원장은 천동샤오(陈东烧)며 산하 아시아태평양연구센터에서 한반도 연구를 수행하고 있다. 주임은 자오간청이며 궁커위, 쉐천 등이 연구진으로 포진해 있다. 홈페이지는 http://siis.org.cn.

나. 상해 사회과학원 국제관계연구소 한반도연구센터

상해 사회과학원에 존재하던 아시아태평양연구소를 비롯한 다양한 연구소를 합병해 2011년에 국제관계연구소로 재편됐다. 중국 정부와 상해시에 국제정치 전반에 대한 다양한 자문을 제공하고 있다. 현 원장은 왕잔(王战)이며 연구소 산하에 있는 한반도연구센터에서 한반도 관련 연구를 진행하고 있다. 연구소 소장인 류밍을 비롯해 리카이성, 하오췬환 등의 연구진을 보유하고 있다. 홈페이지는 http://www.sass.org.cn/yt/index.jsp.

다. 상해 복단대 조선한국연구센터

1992년에 설립됐으며 2000년에 설립된 복단대학 국제문제연구원 산하 연구소로 편입됐다. 현 원장은 우신보(吳心伯)이며 한국 문제를 주로 다루는 『한국연구논총』을 정기적으로 발행하고 있다. 한국연구센터 주임은 정지용(郑继永)이며 연구진으로는 싱리쥐, 스위엔화(石源华), 차이지엔, 팡시우위(方秀玉) 등이 있다. 홈페이지는 http://www.iis.fudan.edu.cn.

1-3. 동북지역

가. 길림성 사회과학원 조선한국연구소

1958년과 1962년에 설립된 철학사회과학학술조와 동북문사연구소를 병합해 1978년 정식으로 설립됐고 2002년 길림성 사회과학원으로 출범했다. 길림성 정부의 직속 기구로 교육, 연구 등을 담당하는 동북지역 핵심 싱크탱크다. 현 원장은 샤오한밍(邵汉明)이며 길림성 경제사회발전, 동북변강역사문제, 동북아안보 등을 주로 취급하고 있다. 한반도를 연구하는 부서로는 조선한국연구소가 있으며 탕홍메이가 소장으로 재직하고 있다. 홈페이지는 http://www.jlass.org.cn.

나. 길림대학 동북아연구원

1988년 동북아연구센터로 시작해 1994년 동북아연구원으로 확대됐다. 한반도, 일본, 러시아 등 동북아지역 국가와 관련된 쟁점과 자원, 환경 등 다양한 이슈를 다루고 있다. 주요 학술지인 동북아논단을 발행하고 있으며 현 원장은 위샤오(于潇)며 산하에 속한 조선연구소가 한반도 문제를 다루고 있다. 연구진은 장후이즈, 런밍, 파오잉아이 등이 있다. 동북아연구원은 길림성의 동북진흥기지로 선정돼 두만강지역개발협력과 창지투개발선도구의 작업에 깊이 관여하고 있다. 홈페이지는 http://www.jlu.edu.cn.

다. 요녕성 사회과학원 동북아연구소

1978년 요녕성 철학사회과학연구소를 개편하여 설립됐다. 성정부 소속 청급 사업단위로 인문, 사회, 과학 분야에 관한 연구를 두루 포괄하고 있다. 현 원장은 장샤오치우(姜晓秋)이고 산하에 한반도 문제를 연구하는 동북아연구소가 있다. 현 소장 진저(金哲)를 비롯해 파오청하오, 뤼차오 등의 연구진이 있다. 홈페이지는 http://www.lass.net.cn.

라. 흑룡강 사회과학원 동북아연구소

흑룡강 사회과학원 분원과 흑룡강 철학 사회과학 연구소를 합병해 1979년에 건립됐다. 흑룡강 정부와 성 당위원회에 정책을 건의하고 자문을 수행한다. 현 원장은 주위(朱宇)며 산하에 1989년 설립된 동북아연구소에서 한반도 문제를 담당하고 있다. 소장 다즈강(笪志剛)을 비롯해 순용, 차오즈홍 등이 연구하고 있다. 홈페이지는 http://www.hlass.com.

마. 요녕대학 조선한국연구센터

1993년에 설립됐으며 현재 요녕대학 국제관계학원 산하에 있다. 한반도 정치, 경제, 사회, 역사, 문화 등을 연구하고 있다. 주임 장둥밍(張東明)을 중심으로 리슈인, 리우훙종 등의 연구진이 있다. 홈페이지는 http://gjgx.lnu.edu.cn.

바. 연변대학 한반도연구원

1979년 조선문제연구소로 출발해, 1989년 조선한국학연구센터로 변경됐고, 2007년 조선한국연구센터로 발전했으며 이후 2014년 한반도연구원으로 확대 개편됐다. 현 원장은 파오찬쿠이(朴燦奎)이며 조선족 교수들이 중심이 돼 한반도의 정치, 경제, 사회, 역사, 문화 등 전 분야에 관한 연구를 진행하고 있으며 한국뿐만 아니라 북한과의 교류도 활발하다. 산하에 위치한 조선한국연구센터가 한반도 연구의 구심점 역할을 하고 있다. 2008년부터 북한이 참여하는 두만강포럼을 매년 정기적으로 개최하고 있다. 진창이, 파오둥쉰, 안궈산 등 다수의 연구진을 확보하고 있다. 홈페이지는 http://ikps.ybu.edu.cn.

<표 1> 중국의 정치·외교 분야 한국(조선) 주요 연구기관

지역	소속기관	기관명	기관장	설립연도
북경	중앙당교	개혁개방논단 동아시아연구센터	허이팅 (何毅停)	1994년
	국무원	중국사회과학원 아태연구소, 세계경제정치연구소	왕웨이광 (王伟光)	1988년 1980년
	외교부	중국국제문제연구원- 아태안전협력연구실	쑤거(苏格)	1956년
	국가안전부	현대국제관계연구원-한반도 연구실	리즈예 (李志业)	1965년
	인민해방군	군사과학원	양쉐쥔 (杨学军)	1958년
	북경대학	국제관계학원 국제전략연구원	왕지스 (王缉思)	2007년
	청화대학	당대국제관계연구원	옌쉐통 (阎学通)	2010년
	정법대학	한반도연구센터	치바오량 (戚保良)	2012년
	반관반민	중국국제전략학회	순젠궈 (孙建国)	1979년
	반관반민	차하얼학회	한판밍 (韩方明)	2009년
상해	상해시 정부	상해과학원 국제관계연구소 상해국제문제연구원	왕잔 (王战)	2011년 1960년
	복단대학	국제문제연구원 산하 조선한국연구센터	우신보 (吴心伯)	1992년
동북	길림성 정부	길림사회과학원	샤오한밍 (邵汉明)	1978년
	길림대학	동북아연구원	위샤오 (于潇)	1988년
	연변대학	한반도연구원	파오찬쿠이 (朴灿奎)	2014년
	요녕성 정부	요녕사회과학원	장샤오치우 (姜晓秋)	1978년
	요녕대학	조선한국연구센터	장동밍 (张东明)	1993년
	흑룡강성 정부	흑룡강 사회과학원 산하 동북아연구소	주위 (朱宇)	1979년

위 <표 1>에서 살펴본 것처럼 중국 내 정치와 외교 분야 한반도 (한국과 조선 포함) 관련 주요 연구소는 북경, 상해, 동북 3성에 밀집해 있다. 이는 북경이 중국의 정치 중심지, 상해가 중국의 경제 중심지라는 상황을 고려할 때 한반도 관련 주요 연구소들 또한 두 지역에 집중해 있는 것을 이해할 수 있다. 북경과 상해를 제외한 지역 중 동북 3성 지역에 한국의 정치와 외교 분야를 연구하는 주요 연구소들이 모여 있는 것은 한반도와의 지리적 인접성으로 인한 특징에서 기인하는 것으로 파악된다. 동북 3성의 한반도 정치와 외교 분야 관련 주요 연구소들을 성별로 나누어 보면 북한과 국경을 맞대고 있는 길림성과 요녕성에 각각 3곳 그리고 흑룡강성에 1곳이 있다. 이 연구기관들은 모두 한국 정부기관 소속 연구기관인 통일연구원, 대외정책연구원, 국가안보전략연구원과 빈번한 학술 교류를 진행하고 있으며 대학 소속 연구소인 고려대 아세아문제연구소, 성균관대 성균중국연구소 등과도 학문적 교류가 활발한 것으로 나타나고 있다. 위에서 언급된 주요 연구기관 외에도 중국에는 한국의 정치와 외교 분야를 연구하는 연구기관들이 존재한다. 한국과 지리적으로 인접한 산동성을 중심으로 연구기관들이 있는데 이번 조사에서 해당 연구기관에 대한 조사를 충실히 수행할 수 없어 이후 조사를 통해 추가할 계획이다.

<그림 2>는 중국에서 한국 정치와 외교 분야 연구를 수행하는 연구기관의 전체적인 숫자와 한국학 전반에 관한 연구를 수행하는 한국학 연구기관 전체 숫자를 반영한 지형도이다. 지형도에 따르면 한국의 사회문화, 경제경영을 연구하는 연구기관의 다수가 정치외

교 분야와 마찬가지로 북경, 상해, 동북 3성에 집중된 것을 파악할 수 있다. 이는 중국의 정치, 경제 요충지인 두 대도시와 한반도와 국경을 공유하고 조선족이 집단 거주하는 길림성과 요녕성이 중국에서 진행되는 한국학 연구의 핵심 지역임을 보여주는 것이다.

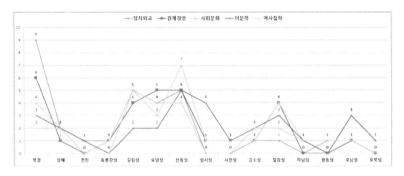

〈그림 2〉 중국 내 한국학 연구소 지역별 연구 분야 분포도

제2절 중국의 정치·외교 분야
거시 지식지형도

<그림 3>은 한국의 정치·외교, 법률·행정, 경제·경영, 역사·
철학, 어학·문학, 사회·문화·교육 분야의 각 연도별 논문 분포
도를 보여주고 있다.[2] 중국에서 각 분야의 주제를 다루는 논문이
최초로 등장한 시기는 해당 분야별로 차이가 있다. 예를 들어, 역사
분야에서는 1932년에 한국 관련 논문이 처음 검색됐다. <그림 3>
은 각 학문 영역에서 한국을 주제로 하는 논문의 출현 빈도를 나타
낸 것으로 각 분과 학문의 논문 출현 변화를 보여주고 있다. 1992
년 한중수교 이후 각 분과학문별로 나타난 한국 관련 연구 문헌의
양적 변화를 명확히 살펴보기 위해 해당 조사 기간을 1991년부터
이 연구가 시작된 시점인 2017년까지로 한정했다.

---

2) 한국의 중국학연구는 1990년대 이후 양적으로 급속한 발전이 이루어지고 있고, 연구 주제의 범
위도 다양화되고, 연구 분야도 개론적인 주제에서 각론적인 주제로 확대되고 있다. 인문학 분야
보다는 경제와 정치 분야 위주의 미국식 중국지역연구의 경향으로 발전하고 있고, 단일 주제로
서는 경제와 중국어 분야의 연구가 급속하게 늘어난 것도 하나의 특징이다. 단지 역사지리나
문학과 같은 인문학 분야는 상대적으로 연구 성과의 비중이 줄어들고 있다(이규태 외 2, 2010).

<그림 3> 중국의 한국학 지식지형도 분야별, 연도별 논문 분포도

<그림 3>은 중국학자들이 한국 연구에서 가장 많은 관심을 보이는 분야가 경제·경영 분야임을 보여주고 있다. 경제·경영 분야는 한중를 기점으로 한국에 대한 수요가 폭발적으로 증가하는 모습을 보이는데 이는 한국의 경제발전으로부터 중국이 교훈을 얻기 위한 실용적인 목표가 작용했음을 알 수 있게 하는 대목이다. 하지만 경제·경영 분야에 관한 연구도 한국에서 금융위기가 발생한 다음 해인 1998년부터 한국 연구에 대한 증가세가 정체성을 보이다 다시 회복되는 모습을 보인 후 2006년을 정점으로 한 다음부터 한국 연구 문헌이 지속적으로 감소하는 경향을 보이고 있다. 이는 중국의 경제 규모가 당시 세계 2위인 일본을 바짝 추적하고 2010년 마침내 일본을 추월하면서 가지는 자신감, 그리고 2008년 발생한 글로벌 경제 위기로부터 중국적인 발전 경로를 모색하면서 한국경제·경영 분야에 관한 관심이 줄어들고 있음을 암시하는 것으로 볼 수 있다.

정치·외교 분야도 한중수교 이후 한국에 관한 연구가 큰 폭으로 증가하는 추세를 보이지만 경제·경영 분야처럼 폭발적인 양의 증가세를 나타내지는 않고 있다. 그리고 1997년 한국의 경제 위기와 2008년 글로벌 금융위기와 상관없이 정치·외교 분야에 관한 연구는 일정한 상승세를 유지하는 모습을 보이고 있다. 이에 대해서는 두 가지 설명이 가능하다. 첫째, 한국 정치·외교에 관한 연구 수요가 계속 존재한다는 것이다. 둘째, 고원형 S곡선모델이 주장하는 것처럼 정치·외교 분야 중에서도 정치보다는 외교 방면에 관한 연구의 필요성이 지속적으로 존재한다는 것이다.

한 국가의 외교는 새로 집권하는 정부가 지향하는 외교의 가치에 따라 외교정책에 우선적인 중요성을 부여하는 국가가 다를 수 있다. 또한, 한국의 경우 북한 핵개발과 관련된 국제정세가 수시로 변하는 상황에서 주변 4대 강국과의 긴밀한 협조가 필요하고 그 과정에서 특히 동맹국인 미국이 북한 핵개발에 어떠한 입장을 견지하는지가 중요한 고려의 대상이 되어 왔다. 이런 점에서 동아시아에서 미국과 경쟁하는 중국의 시각에서 한국 외교정책을 이해하는 것은 중국의 이익을 수호하기 위한 차원에서 절대적인 중요성을 지니고 있고 이로 인해 한국 외교연구는 한국 경제나 글로벌 경제 상황에 덜 구애받으며 꾸준히 진행되는 모습을 보였다.

이런 결과는 고원형 S곡선모델의 유용성을 입증하는 것이다. 고원형 S곡선모델은 중국에서 한국 정치·외교 분야에 관한 연구가 지속적으로 수행됐음에도 불구하고 왜 집단적 지식에서 사회적 지식으로의 전환이 발생하지 않는지를 이해할 수 있는 단초를 제공하고 있다. 즉, 중국 정부가 한국을 대상으로 하는 외교 정책 수립을 위해 필요한 분야와 정도만큼의 연구는 허용하지만 중국 정부에 잠재적 위협을 가할 수 있는 한국 정치 전반에 관한 연구에는 개방적

인 모습을 보이지 않는다는 것이다. 그리고 이것이 중국에서 정치
와 외교 관련 한국학 지식 확산 경로가 원형 S곡선이 아닌 고원형
S곡선 형태의 모습을 보이는 것이다.

2-1. 중국의 주요 한국 정치외교 연구자

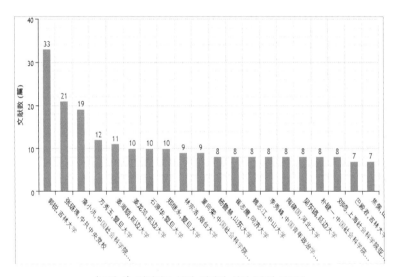

〈그림 4〉 정치외교 분야 필자별 상위 20위 분포도

　　<그림 4>는 중국에서의 한반도 정치외교 분야 연구를 필자별로
분석했을 때 연구 성과가 돋보이는 학자로 길림대학의 궈루이(郭
锐), 중국공산당중앙당교(中国共产党中央党校)의 장리엔구이(张琏
瑰), 중국사회과학원(中国社会科学院)의 잔샤오홍(詹小洪)을 들 수
있다. 이들은 각각 33편, 21편, 19편의 연구 결과를 발표해 이 방면
에서의 연구를 주도하고 있다. 또한, 상해 복단대학에 기반을 두고
있는 스위엔화(石源华), 정지용(郑继永)도 각각 10편의 논문을 발표

했다. 한 가지 돋보이는 특징은 이 분야 연구에서 조선족 학자들이 높은 비율을 차지하고 있다는 점이다. 예를 들어, 복단대학(复旦大学)의 팡시우위(方秀玉), 연변대학(延边大学)의 지앙하이슌(姜海顺), 천진사범대학의 지앙롱판(姜龙范) 등을 들 수 있다. 이 외에도 산동성에 위치한 대학과 중국사회과학원 등 한반도와 관련성이 높은 지역과 한반도 중점 연구소를 보유한 연구기관의 학자들이 한반도 정치·외교 분야의 연구를 주도하고 있음을 알 수 있다.

중국에서 한국 정치와 외교를 연구하는 학자 중 CNKI에 나타난 피인용지수를 확인했을 때 특히 아래에 있는 연구자들이 한국 연구를 주도하고 있다. 하지만 피인용지수의 상위권을 차지하고 있는 문헌들 대부분이 한국 정치보다는 외교와 안보 관련한 주제를 다루고 있는 것으로 나타났다. 피인용지수가 높은 학자들의 논문을 간략히 정리한 결과는 다음과 같다.

가. 궈루이(郭锐)

궈루이는 동제대학에서 마르크스주의 연구로 박사학위를 받고 같은 대학 중국전략연구원에서 근무한 경험이 있고 현재 길림대학 행정학원에 교수로 재직하고 있으며 2019년 길림대학에 설립된 국가안전과발전연구원의 부원장을 겸임하고 있다. 피인용지수가 가장 높고 상대적으로 젊은 학자임에도 불구하고 한국에는 널리 알려져 있지 않은 것이 특징이다.

2017년 출판된 『당대세계(当代世界)』 1집에 실린 「한국 주변외교의 이념연혁 및 정책조정」이라는 논문은 다음과 같은 내용을 다루고 있다. 국제 정세의 급격한 변화와 한국 주변 환경의 지속적인 변동 배경과 더불어 국내 정권의 빈번한 교체, 한국 주변 외교이념과 대외정책도 꾸준히 조정되고 있으며 조정 폭과 시기는 주변 지정학적 환경을 포함한 다양한 요인에 의해 영향을 받고 있다. 역사적으로 볼 때 냉전 기간과 냉전 종식 이후 한국은 주변 관계와 주변 외교를 다루는 데 있어 역사적 연속성과 연관성을 지니고 있다. 주변 외교의 이념과 정책은 대체로 폐쇄에서 개방으로, 모호함에서 명확함으로 정형화되는 과정을 거쳤다. 또한 국가의 자주성 제고 및 통일 의제는 한국 주변 외교이념과 정책 방향을 판단하는 중요한 잣대로 작용하고 있다. 향후 중국이 한국 주변 외교에서 차지하는 위상이 계속 상승할지, 대중 관계가 한국 주변 외교의 최우선 고려 대상이 될지는 불확실성이 남아 있다.

2017년 한국 주요 학술지 『당대한국(当代韩国)』 3집에 실린 「중한 관계 발전의 향방과 난점」이라는 논문에서는 문재인 정부 출범 이후 한국 외교는 일련의 정책 조정을 거치겠지만 여전히 대미 외교와 한미 동맹을 중심에 놓은 상황에서 중한 동반자 관계를 복원하고 한반도 남북 관계를 개선하며 주변 4강 협력외교의 틀을 재구성하는 데 주력할 것으로 예측하고 있다. 문재인 대통령은 동북아에서 중심 국가라는 한국의 입지를 회복하고 한반도 정세 변화를 위한 자주권과 주도권 창출을 위한 환경을 조성하기 위해 조속한 시일 안에 한국 외교의 주변적 고립을 바꾸려 할 것이고 이런 시도가 중한 관계의 발전에 영향을 미칠 것이라고 주장하고 있다.

2012년 『동북아논단(东北亚论坛)』 5집에 실린 「反美主义与韩国

外交政策」이라는 논문은 피인용 횟수 28회를 기록했는데 이 글에서 궈루이는 반미주의가 현재 국제 관계에서 중요한 현상이 되고 있는데 한국에서도 반미주의가 한국 정치, 특히 외교 정책에 영향을 주는 중요한 요인으로 작동하고 있다고 주장하고 있다. 한국에서의 반미주의는 이데올로기적 적대감에서 기인하는 것이 아니라 한국의 경제발전, 민주화 진전, 민족주의 팽창이 한미 간 불평등 관계를 재인식하는 배경이 됐다고 분석하고 있다. 이익표현 메커니즘과 언론 보도를 통해 반미주의의 사회적 영향과 정치적 효과가 더욱 뚜렷해지고 있으며, 한미 동맹, 한미 관계, 한반도 문제 및 동북아시아 구도에 모두 영향을 미치고 있으며 한국 외교 정책 연구에서 간과해서는 안 될 중요한 요소라고 주장하고 있다.

나. 정지용(郑继永)

젊은 나이에도 불구하고 한국에 널리 알려진 연구자로 군인 출신으로 한국뿐만 아니라 북한 학자들과의 교류도 폭넓게 진행하고 있다. 현재 상하이 복단대학에 설립된 조선한국연구센터의 주임으로 재직 중이다. 이 연구소는 중국에서 몇 안 되는 한국 관련 학술지 『한국연구논총』을 발간하는 곳이다.

2017년 발간된 학술지 『당대현대(当代现代)』에 기고한 「글로벌 정치 변동과 한반도 정세」라는 논문에서 2016년 브렉시트, 유럽의 난민 위기, 트럼프 당선 등은 국제정치 질서에 큰 변동을 불러일으켰으며 한반도 정세도 이와 같은 변화에 민감하게 반응해 왔음을 주장하고 있다. 동시에 한국에서 발생한 박근혜 대통령 탄핵과 이로 인한 한국 정치의 난맥상이 한국 정치와 외교 안보 정책에 불확실성을 증가시키고 있음을 설명하고 있다.

다. 팡시우위(方秀玉)

팡시우위는 정지용과 함께 복단대학 조선한국연구센터에서 한반도 정세를 연구하고 있는 여성 학자로 한국 부경대학에서 박사학위를 취득했으며 한국과의 교류가 잦은 편에 속하는 조선족 학자다. 2012년 『중공절강성위당교학보(中共浙江省委党校学报)』에 기고한 「한국 외교전략 취향과 대일 안보관계」라는 논문에서 제2차 세계대전 이후 한국의 대일 외교를 분석하고 있는데 미국의 동아시아 전략에서 한미일 3각 관계가 차지하는 중요성과 한국과 일본이 북한 핵이라는 공통된 위협에 처해 있음을 설명하고 있다. 이런 사정으로 두 국가가 동아시아에서 미국 주도의 동맹체제에 머물러 있겠지만 한국인이 일본에 대해 가지고 있는 여론이 우호적이지 않기에 두 국가의 안보협력이 질적으로 진화하기에는 한계가 있음을 주장하고 있다.

또한 「권력정치와 중미관계」라는 논문에서 1970년대 중미 관계의 정상화 이후 두 국가 간 이익의 교집합이 증가하고 있지만 협력이 늘어나는 것과 함께 갈등도 동시에 증가할 것으로 예측하고 있다. 역사적 경험에 비추어 두 강대국 간의 협력이 양국 관계의 장기적 안정뿐 아니라 지역과 세계의 안정에도 기여할 것이라며 두 나라가 한반도 긴장 상황을 잘 처리할 수 있을지의 여부가 미래 중국과 미국 관계에 큰 영향을 미칠 것이라고 분석하고 있다.

라. 잔샤오훙(詹小洪)

2011년 『요동학원학보(辽东学院学报)』 1집에 실린 「군 작전권 배후 계산」이라는 논문에서 한미 동맹을 바라보는 한국 내부의 두 상반된 시각, 소위 동맹파와 자주파의 갈등을 다루고 있다. 동맹파는 한미 동맹이 한국 안보의 초석이어야 하며 한미 동맹을 흔드는 어떤 주장도 한국의 안보에 위기를 초래할 수 있음을 주장하는 반면, 자주파는 한미동맹의 중요성을 인정하면서도 한국의 국력 신장과 중국의 부상, 동북아 정세의 변화에 따라 진영외교라는 냉전적 사고를 극복하고 한국의 안보와 관련된 자주성을 가져야 한다고 주장하고 있음을 설명했다.

최근인 2020년에 발간된 『신민주간(新民周刊)』 37집에 실린 「사회 불공정, 한국 정치파동?」이라는 논문에서 문재인 대통령이 9월 19일 청년의 날 기념사에서 공정을 주제로 연설한 이유를 분석하고 있다. 최근 한국 젊은 층 사이에서 논란이 되고 있는 불공정 이슈에 정치적 부담을 느낀 문재인 대통령은 공정 가치에 대한 청년들의 높은 요구에 부응할 방안을 모색해야 했다. 즉 한국 정부가 공정성과 관련한 문제에 올바르게 대응해 나갈 것을 수차례 강조할 수밖에 없었던 이유는 공정을 요구하는 한국 사회의 거센 여론이 정치에 미치는 파장이 크기 때문이다.

마. 스위엔화(石源华)

스위엔화는 복단대학교 국제문제연구원 조선한국연구센터 연구원이자 국제관계학원과 공공사무학원 교수로 재직했고 현재는 은퇴한 상황에서 조선학국연구센터 연구원에 적을 두고 있으며 한국 외교와 관련한 다수의 논문을 발표했다.

2012년 『동북아논단(東北亞论坛)』 3집에 문은희(文恩熙)와 함께 발표한 논문 「전략적 협력동반자 관계 속 미국적 요인 시론」에서 중한 관계의 발전은 전략적 협력동반자 관계로 진입했으며 이는 동아시아 지역 국제 정세에 새로운 구도가 형성되고 있음을 주장하고 있다. 그럼에도 불구하고 한미 동맹이 한국 외교에서 차지하는 비중이 높아 미국과 중국 사이에서 샌드위치 상황에 처한 한국이 당면할 과제 해결이 쉽지 않음을 설명하고 있다. 이를 입증하는 대표적인 사건으로 2010년 발생한 천안함 사건과 연평도 포격, 2012년 발생한 탈북자 사건 등을 언급하고 있는데 스위엔화는 위의 사건들이 한중 전략적 협력동반자 관계에서 가려졌던 문제점들이 노출됐음을 지적하고 있다. 이명박 정부에서 한미 동맹이 강화되면서 중한 관계가 중대한 도전에 직면했음을 주장하며 한국 외교가 직면한 난관을 돌파하기 위해서는 중국과 미국 사이에서 한국이 독립적인 역할을 할 수 있는 공간을 확보해야 중한 관계가 순탄할 수 있음을 주장하고 있다.

바. 한시엔동(韩献栋)

중국 정법대학 정치공공관리학원 교수 및 국제정치연구소 한반도연구센터 주임으로 근무하고 있으며 한반도 관련 논문을 주로 발표하고 있다.

2014년 『사회과학(社会科学)』 2집에 발표한 「한국 외교의 딜레

마: 하나의 개괄적 틀」이란 논문에서 한국 외교가 마주하고 있는
선택의 딜레마를 논하고 있다. 한국 외교는 정권의 존속을 위한 외
교에 초점을 맞춰 왔는데 생존을 위한 외교 안보 환경에서 이와 같
은 전략이 계속해서 통하기 어려울 것을 주장하고 있다. 특히 한국
정부가 통일외교에 주안점을 두기 시작하면서 대미외교와 대북외
교, 평화외교와 통일외교, 동맹외교와 균형외교 사이에서 안정적인
지지 확보에 실패하며 갈등을 보이고 있다. 한국 정부는 중대한 외
교 원칙에 대해 폭넓고 안정적인 공감대를 형성해야 현재의 난국에
서 벗어나 통일외교를 더욱 진전시킬 수 있음을 주장하고 있다.

지금까지 간략히 살펴본 것처럼 중국에서 한국 정치·외교를 연
구하는 학자들의 연구 주제는 고원형 S곡선모델의 적실성을 다시
한번 입증하고 있다. 한국 국내 정치 분야에 해당하는 정치제도, 정
치사상, 법률·행정 분야에 관한 연구는 별다른 진전이 없는 반면
중국 정부의 한반도 전략 수립에 필요한 외교·안보 분야의 연구가
중국에서 한반도 연구를 주도하는 학자들의 주된 관심 사항임이 여
실히 드러나고 있다.

2-2. 중국의 한국 정치·외교 관련 연구가 출판되는 대표 학술지

여기서는 중국의 한국 정치와 외교를 다루는 학술지 중 한반도
전반을 다루고 있는 대표적인 학술지 5개를 소개하고자 한다. 그중
2개는 국제정치 전반을 다루는 『国际政治研究』와 『国际政治科学』
이고, 1개는 동북아시아 지역에 특정된 주제를 취급하는 『东北亚论
坛』, 나머지 2개는 한국을 집중적으로 연구하는 『当代韩国』과 『韩

国研究论丛』이다. 해당 학술지에 대한 간략한 소개는 아래와 같다.

가. 『国际政治研究』

1980년 창간된 『国际政治研究』는 베이징대학 국제관계학원이 주관하며 격월간으로 발행되는 국제정치전문 학술지다. 2019년 11월 7일 중국지망(中国知网)에 따르면 『国际政治研究』는 총 2,649편의 문헌을 출간했고, 총 다운로드 횟수 98만 7,040회, 총 피인용 횟수 12,702회를 기록하고 있다. 중국사회과학색인(CSSCI) A급에 등재돼 있고 중국 내에서 출판되는 국제정치학술지 중 가장 높은 평판을 유지하고 있다.

〈그림 5〉 학술지 국제정치연구 표지

나. 『国际政治科学』

2005년 1월 창간된 『国际政治科学』은 칭화(淸華)대 당대국제관계연구원이 주관하고 사회과학문헌출판사가 출판하는 중국 국제정치학계의 대표적인 학술지로 주로 국제안보, 대외정책, 세계화와 관련된 연구 결과를 출간하고 있다. 중국사회과학색인(CSSCI) A급에 등재된 중국 내 최고 수준의 국제정치학술지 중 하나로 평가받는다.

〈그림 6〉 학술지 국제정치과학 표지

다. 『东北亚论坛』

1992년 창간된 『东北亚论坛』은 길림대학 동북아연구원에서 격월간으로 발행하는 전문학술지로 동북아시아 외교와 안보, 지역협력,

지역경제, 중국 특색 사회주의에 대한 문헌들이 주로 발표되고 있다. 사회과학 관련 중국사회과학색인(CSSCI)에 등재된 사회과학 관련 학술지 중 상당히 높은 영향력 지수를 유지하고 있다.

〈그림 7〉 학술지 동북아논단 표지

라. 『当代韩国』

1993년 창간된 『当代韩国』은 중국사회과학원, 사회과학문헌출판사, 중국사회과학원 한국연구센터가 주관하는 한국연구전문지이다. 2019년 현재 36명의 편집위원과 3명의 고문이 위촉됐다. 2020년 3월 23일 중국지망(中国知网)에 따르면 『当代韩国』은 총 2,730편의 문헌을 발행했고, 총 다운로드 횟수 39만 9,449회, 총 피인용 횟수 6,019회를 기록하고 있다.

〈그림 8〉 학술지 당대한국 표지

마. 『韩国研究论丛』

2013년 창간된 『韩国研究论丛』은 복단대 조선한국연구센터가 주관하며 사회과학문헌출판사에서 출판되는 중국의 대표적인 한국 연구 학술지다. 『韩国研究论丛』은 한국학 연구를 통해 한중 관계 발전을 촉진하는 것을 목표로 하고 있으며 한국과 중국의 고대부터 현대에 이르는 시기에 해당하는 모든 범주의 한국 연구 성과를 출판하고 있다.

〈그림 9〉학술지 한국연구논총 표지

제4장

중국과 대만의 한국 정치·외교 분야 미시 지식지형도

제1절 중국의 정치제도 분야
시기별 지식지형도

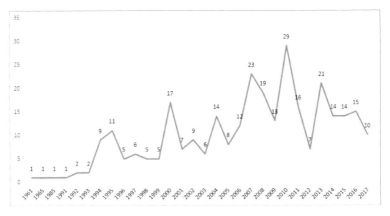

〈그림 10〉 정치제도 분야 1961-2017년 연도별 분포도

　　<그림 10> 정치제도 분야 1961-2017년 연도별 분포도는 정치제도 분야에서 1961년에서 2017년까지 발표된 논문의 빈도수를 보여주고 있다. <그림 10>에 따르면 정치제도 분야에서는 1961년 첫

논문이 발표됐고 이후 2017년까지 총 303편의 논문이 발표됐다. 이 중 한국과 중국이 수교하던 1992년 이전까지 발표된 논문의 수는 4편에 불과하다. 시기적으로도 1960년대에 2편, 1980년대 1편, 수교 직전인 1991년에 1편이 발표돼 한중수교 이전 중국에서 한국의 정치제도 분야에 대한 연구가 거의 진행되지 않았음을 알 수 있다. 이후 한중수교 당해 연도인 1992년에 2편이 발표된 이후 정치제도 분야에 관한 연구 결과가 매년 꾸준히 발표된 것으로 나타난다. 그럼에도 불구하고 발표된 논문의 양이 폭발적으로 증가한 모습을 보이지 않는다는 점은 정치제도 분야에 대한 학문적인 관심이나 연구의 필요성이 급격히 증가하지 않았음을 의미한다.

하지만 어느 정도의 경향성은 발견할 수 있다. 우선 1994년과 1995년에 총 20편의 논문이 발표됐는데, 이는 한중 두 나라의 수교로 인해 한국

정치제도에 관한 연구의 필요성이 대두됐음을 짐작하게 하는 부분이다. 이후 매년 평균 5-6편의 논문이 발표되다 2000년 17편의 논문이 발표되며 정치제도 분야에 대한 연구가 상승하는 모습을 보인다. 이후 다시 6편에서 14편의 논문이 매년 발표되다 2007년에 23편, 2010년에 29편의 논문이 각각 발표된 이후 2012년을 제외하면 매년 발표되는 논문의 양이 이전보다 증가하는 패턴을 보이고 있다. 전반적으로 정치제도 분야에서 발표된 논문의 빈도수를 통해 수교 이전까지는 이 분야에 관한 연구가 전무하다시피 하다가 수교를 기점으로 한국 정치제도에 관한 연구가 많지는 않지만 매년 꾸준히 진행되고 있으며 발표되는 논문의 수도 점차적으로 증가하는 모습을 띠고 있음을 알 수 있다.

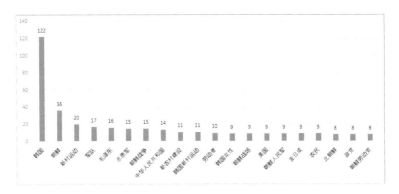

〈그림 11〉 정치제도 분야 키워드 분포도

    <그림 11> 정치제도 분야 키워드 분포도는 정치제도 분야에서 발표된 논문에서 주로 사용된 키워드의 분포도를 보여주고 있다. 가장 많이 사용된 키워드 20개를 추출한 결과 한국이라는 키워드가 총 122회 등장해 이 분야에서 발표된 논문에서 가장 광범위하게 사용됐음을 알 수 있다. 이후 조선(36회), 신촌운동(새마을운동, 20회), 군대(17회), 모택동(16회), 지원군(15회), 조선전쟁(한국전쟁, 15회), 중화인민공화국(14회), 신농촌건설(11회), 한국신촌운동(11회), 노동자(10회)의 키워드가 높은 분포도를 나타내고 있다.

    정치제도 분야에서 사용된 키워드의 분포도를 통해 세 가지 유의미한 분석이 가능하다. 첫째, 정치제도 분야의 논문이 한중 수교 이후 집중적으로 발표된 점을 반영해 키워드에서 남조선이라는 단어 대신 한국이라는 용어가 연구자들에 의해 사용됐다는 점이다. 이는 일반적으로 한국을 남조선이라고 부르던 오랜 전통을 감안할 때 학술전문가들 사이에서는 한국이라는 단어가 학문적으로 통일돼 사용됐음을 알 수 있는 대목이다. 둘째, 군대, 지원군, 조선전쟁 등이 핵

심 키워드로 출현한 것으로 보아 정치제도 분야에서 조선전쟁과 관련된 연구가 활발히 진행됐음을 알 수 있다. 셋째, 신촌운동, 신농촌건설, 한국신촌운동 등이 키워드로 자주 등장한 것으로 보아 한국의 급속한 경제발전과 이로 인한 농촌사회의 변화가 학자들의 주된 관심사였음을 알 수 있다. 요약하면, 정치제도 분야에서의 키워드 분포를 통해 중국 연구자들은 한국전쟁과 한국의 경제발전 그리고 이 과정에서 농촌의 변화를 가능하게 했던 새마을운동에 관한 연구가 주로 이루어졌음을 알 수 있다.

<표 2> 정치제도 분야 키워드 동시출현 분포도

동시출현 키워드 1	동시출현 키워드 2	동시출현 횟수
志愿军	军队	15
韩国	新村运动	13
农民	劳动者	9
美国	美利坚合众国	8
美国	北美洲	8
美利坚合众国	北美洲	8
韩国	政党	7
朝鲜	军队	7
军队	毛泽东	7
苏联	苏维埃社会主义共和国联盟	7
青年	韩国	6
韩国	劳动者	6
朝鲜	志愿军	6
新村运动	新农村建设	6

동시출현 키워드 1	동시출현 키워드 2	동시출현 횟수
朝鲜战争	毛泽东	6
毛泽东	苏联	6
毛泽东	苏维埃社会主义共和国联盟	6
韩国	农民	5
韩国	中华人民共和国	5
韩国	女性	5

<표 2> 정치제도 분야 키워드 동시출현 분포도는 정치제도 분야에서 동시에 출현한 키워드의 분포도를 보여주고 있다. <표 2>는 <그림 11> 정치제도 분야 키워드 분포도에서 나타난 연구 경향을 실증적으로 뒷받침해 주는 역할을 한다. 예를 들어, <표 2>에 따르면 志愿军과 军队(15회), 韩国과 新村运动(13회), 农民과 劳动者(9회), 美国과 美利坚合众国(8회), 美国과 北美洲(8회), 韩国과 政党(7회), 朝鲜과 军队(7회), 军队와 毛泽东(7회), 韩国과 劳动者(6회), 朝鲜과 志愿军(6회), 新村运动과 新农村建设(6회), 朝鲜战争과 毛泽东(6회), 韩国과 农民(5회) 등이 쌍을 이루어 동시출현 하는 빈도수를 보여주고 있다. 이는 정치제도 분야에서 중국의 한국전쟁 참여에 관한 연구와 한국의 경제발전과 새마을운동에 관한 연구가 중요한 주제로 부각됐음을 보여주는 것이다.

단일 키워드의 빈도수를 조사하는 것이 연구자가 어떤 키워드를 핵심 내용으로 연구를 진행했는지에 대한 서지정보를 제공하는 것에 그친다면 동시출현 키워드 분포도는 키워드 간에 나타나는 조합을 통해 연구 주제와 방향성을 구체적으로 파악하는 데 도움을 준다. 예를 들어, <그림 11>에서 한국이라는 키워드가 122회 등장하

지만 한국이라는 키워드와 함께 쌍을 이루고 등장하는 키워드를 파악할 수 없어 어떤 분야에 관한 연구가 얼마나 진행됐는지를 알기 어려운 단점이 있다. 반면, <표 2>는 한국과 신촌운동이라는 키워드가 동시출현 하는 횟수가 13회임을 명확히 제공하는 것을 통해 중국에서 한국을 주제로 하는 연구 중 새마을운동과 관련된 연구가 차지하는 비율을 손쉽게 파악할 수 있는 장점이 있다.

<표 3> 정치제도 분야 키워드 군집 분포도

키워드 군집	
韩国新村运动,农民,劳动者	64.8
美国,美利坚合众国,北美洲,朝鲜战争,军队	40.769
毛泽东,斯大林,周恩来	36
朝鲜战争,毛泽东,苏联,苏维埃社会主义共和国联盟	35.667
毛泽东,斯大林,北朝鲜	32.4
韩国,新村运动,农民,劳动者	28.533
志愿军,军队,朝鲜战场	23.143
志愿军,军队,部队	23.143
韩国,新村运动,新农村建设	20.25
朝鲜战争,毛泽东,军队,北朝鲜	19.455
朝鲜,军队,朝鲜人民军	19.059
军队,周恩来,毛泽东	18
朝鲜,军队,志愿军,毛泽东	17.833
朝鲜战争,毛泽东,军队,志愿军	17.833

<표 3> 정치제도 분야 키워드 군집 분포도는 정치제도 분야 연구

논문에서 나타나는 키워드 군집 분포도를 표시한 것이고 <그림 12> 정치제도 분야 키워드 연결망 분석도는 정치제도 분야에서 드러나는 키워드 간 상호 연결망을 분석한 것이다. 특정한 지식을 생산하는 지식체계의 연구지형도를 파악하는 데 있어 가장 핵심이 되는 것이 유사한 주제를 중심으로 형성된 키워드 군집 분포도와 이들 키워드가 상호 연결된 형태를 체계화시켜 내는 것이다. 예를 들어, <표 3>은 정치행정 분야에서 "韓國新村運動, 農民, 勞動者"라는 키워드가 가장 높은 군집(64.8)을 형성하고 있음을 보여준다. 뒤를 이어 "美國, 美利堅合衆國, 北美洲, 朝鮮戰爭, 軍隊"(40.769), "毛澤東, 斯大林, 周恩來"(36), "朝鮮戰爭, 毛澤東, 蘇聯, 蘇維

埃社会主义共和国联盟"(35.667), "毛泽东, 斯大林, 北朝鲜"(32.4), "韩国, 新村运动, 农民, 劳动者"(28.533)의 키워드 군집이 상대적으로 높은 분포도를 나타내고 있다. 하지만 이들 키워드 군집 간에도 그 중요성은 큰 차이를 드러내는데 가장 높은 수치를 기록하고 있는 "韓国新村运动, 农民, 劳动者" 키워드 군집이 차상위에 위치한 "美国, 美利堅合众国, 北美洲, 朝鮮战争, 军队" 키워드 군집보다 지식지형도에서 차지하는 중요성이 훨씬 높음을 알 수 있다.

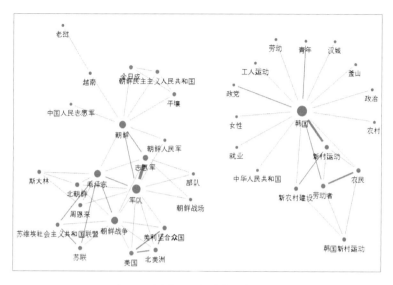

<그림 12> 정치제도 분야 키워드 연결망 분석도

위의 키워드군집 분포도가 실제 정치제도 분야 지식지형도에서 어떤 식으로 등장하는지를 보여주는 것이 <그림 12> 정치제도 분야 키워드 연결망 분석도이다. <그림 12>에서 중심도가 가장 높은 한국이라는 키워드를 중심으로 농촌, 정치, 부산, 한성, 청년, 노동, 공인운동, 정당, 여성, 취업, 중화인민공화국, 신농촌건설, 노동자, 농민, 신촌운동이라는 15개의 다른 키워드가 직접 연결돼 있다. 한국과 다른 키워드 사이의 연결선이 진할수록 키워드 간 상호 연결성이 강함을 나타낸다. 예를 들어, 한국을 중심으로 부챗살 모양으로 둘러싸고 있는 키워드 중 "한국과 신촌운동", "한국과 청년", "한국과 정당"이라는 키워드의 연계성이 한국과 연결된 다른 키워드들보다 높은 연계성을 지니고 있다. 키워드 연결망 분석이 중요한 이유는 위의 설명처럼 키워드 간의 연계성 정도를 보여줄 뿐만

아니라 키워드 군집의 분포도와 상호 연결 정도를 통해 지식지형도의 패턴을 입증한다는 점이다. 구체적으로, 한국이라는 키워드는 "신촌운동, 신농촌건설"과 하나의 키워드 군집을 형성하고 있는 동시에 "신촌운동과 노동자", "신촌운동과 농민", "신농촌건설, 노동자, 한국신촌운동"과 함께 또 다른 키워드 군집을 형성하고 있다. 또 "신촌운동, 농민, 노동자" 그리고 "노동자, 농민, 한국신촌운동"의 키워드가 하부에 또 다른 군집을 형성하고 있음을 알 수 있다. 요약하면, 키워드 군집 분포도와 키워드 연결망 분석도가 중심성이 높은 한국이라는 키워드와 연결되어 있는 다른 키워드를 드러냄과 동시에 군집을 형성하고 있는 키워드와 이들 간 상호 연계성의 정도까지 파악할 수 있는 장점을 보여주는 것이다. 그리고 이는 기존 서지분석에서 키워드의 나열만으로 연구 주제를 탐구했던 방식보다 훨씬 유의미한 분석을 실행할 수 있는 새로운 방법을 제공하고 있음을 뜻하기도 한다.

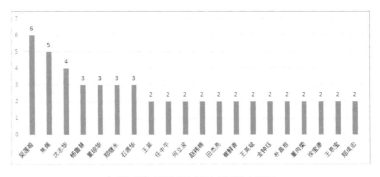

〈그림 13〉 정치제도 분야 저자별 분포도

<그림 13> 정치제도 분야에서 저자별 분포도는 정치제도 분야에

서 논문을 발표한 상위 20명의 저자들을 표시하고 있다. 정치제도 분야에서 발표된 논문의 수가 많지 않은 관계로 상대적으로 많은 논문을 발표한 누구와 누구를 제외하고는 전반적으로 3편에서 2편 정도의 논문을 발표한 것으로 나타났다. 이 중 가장 많은 논문을 발표한 吳莲姬에 대한 정보를 찾을 수 없어 이 글에서는 다음으로 많은 논문을 발표한 焦佩, 沈志华, 杨鲁慧에 대해 간략히 살펴보도록 하겠다.

焦佩는 현재 산동대학 위해분교에서 마르크스레닌주의 교학부에 재직 중이며 주된 연구 분야는 마르크스-레닌주의이다. 주요 연구 성과로서는 '서부대개발과 국가안전전략', '문화전파와 국제관계주의', '무한대학 연구생학보' 등의 논문이 있다. 焦佩는 1997년부터 2001년까지 무한대학에서 정치학을 공부했고, 2001년부터 2004년까지 같은 대학에서 국제관계학을 전공했다. 沈志华는 현재 화동사범대학 인문사회과학학원 소속으로 주된 연구는 세계 역사이다. 그는 1982년 중국사회과학원연구생원으로 세계역사과를 졸업하며 석사학위를 이수했다. 현재 화동사범대학 역사학과 교수, 중국사학회 이사, 사회과학원 당대중국사연구소 책임자, 아태연구소 연구원, 북경대학 역사과, 인민대학교 겸임교수이며 홍콩중문대학 당대중국문화연구소의 명예 연구원으로 등록돼 있다. 杨鲁慧는 현재 산동대학 공공관리학원 교수로 재직 중이며 아태연구소 소장직을 겸임하고 있다.

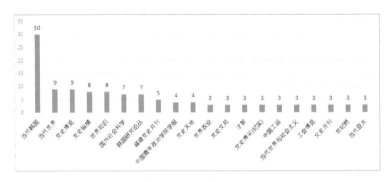

〈그림 14〉 정치제도 분야 학술지별 분포도

   <그림 14> 정치제도 분야 학술지별 분포도는 정치제도 분야에서 한국과 관련된 논문을 발표한 주요 학술지들을 나타내고 있다. 이 중 "当代韩国"에서 가장 많은 30편의 논문이 발표됐으며 "当代世界"와 "党史博览"에서 각각 9편의 논문이 발표됐다. 학술지 "当代韩国"은 사회과학문헌출판사에서 중국 사회과학, 중국정치, 국제정치와 관련된 논문 출간을 목표로 1993년 창간된 이래 현재까지 약 2,730편의 논문을 출판했으며 계간으로 발행되고 있다. 학술지 "当代世界"는 이전에 「정당과 당대세계」라는 이름을 가지고 있었다. 이 학술지는 현재 중공중앙대외연락부에서 사회과학, 중국정치, 국제정치와 관련된 논문 출간을 목표로 1981년 창간한 이후 현재까지 7,224편의 문헌을 출판했으며 월간으로 간행되고 있다. 학술지 "党史博览"은 중국공산당하남성위당사연구실에서 사회과학과 중국공산당에 관련된 주제를 출판하는 것을 목표로 1992년 창간된 이래 현재까지 총 4,112편의 문헌을 출판했으며 월간으로 발행되고 있다.

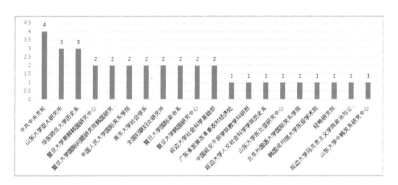

〈그림 15〉 정치제도 분야 소속기관별 분포도

<그림 15> 정치제도 분야 소속기관별 분포도는 정치제도 분야의 논문을 발표한 학자들이 소속된 연구기관을 나타내고 있다. 中共中央党校에 가장 많은 4명의 연구원이 소속돼 있고 山东大学亚太研究所와 华东师范大学历史系에 각각 3명의 학자들이 소속돼 있다. 中共中央党校는 1933년 3월 마르크스공산주의학교 설립을 목표로 중앙혁명위원회에 의해 창립됐었다. 1934년 3월부터 1947년 3월까지 모택동이 중앙당교 교장을 역임했다. 1948년 중공중앙은 고위당교를 배출하는 장소로 활용하기 위해 이를 마르크스-레닌학원이라 명했으며 유소기가 원장을 겸임했다. 이후 1955년에 중공중앙직속 고위당교라고 칭했고 1966년 문화대혁명 시기에 휴교했다. 1977년 다시 문을 연 이후 현재 이름인 중공중앙당교가 되었다. 중앙당교는 기본적으로 전국의 고위 리더십, 공산당 간부, 중청년 후임 간부 배양을 책임지고 있다.

山东大学亚太研究所는 1994년 5월에 설립되었다. 이는 학교 고유 소속 기관으로서, 행정은 정치학과 공공관리학원에 의존한다. 러시아과학원 동방문화연구, 한국창원대학 사회과학연구소, 부산대

학 동아연구원, 일본 와세다대학 아태연구원, 일본 중일경제발전연구센터 등과 다수의 국제 학술회의를 개최했다.

华东师范大学历史系는 1951년 화동사범대학이 건립될 시 첫 번째로 개설된 학과 중 하나이다. 역사학과는 현재 중국사와 세계사 분야에서 각각 박사학위 프로그램과 박사후 과정이 있다. 현재 미국 하버드대학, 영국 케임브리지대학, 프랑스 파리고등사범학원과 리앙고등사범학원, 독일 괴팅겐대학과 아우크스부르크 대학, 이탈리아 피렌체대학, 일본 동경대학과 규슈대학, 한국 서울대학, 이스라엘 바르일란대학 등과 학술연계활동을 하고 있다. 또한 미국 워싱턴 D.C. 우드로우윌슨 국제학자 센터, 독일 아우크스부르크대학, 베트남하노이사범대학, 탄자니아 달데쌈 대학 등에 중국학술연구소를 운영하고 있다.

제2절 중국의 정치사상 분야 시기별 지식지형도

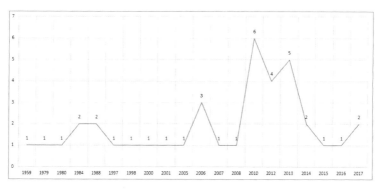

〈그림 16〉 정치사상 분야 1959-2017년 연도별 분포도

<그림 16> 정치사상 분야 1959-2017년 연도별 분포도는 정치사상 분야에서 1959년에서 2017년까지 발표된 논문의 빈도수를 보여주고 있다. 정치제도 분야와 마찬가지로 정치사상 분야에서도 1992년 이전에 발표된 자료가 많지 않아 이후 제작된 정치사상 분야의

그림과 표는 논문이 처음 발표된 시점부터 2017년까지의 데이터를 종합적으로 분석했다. 정치사상 분야에서 한국과 관련된 연구는 극히 제한적으로 이루어졌다. 1959년 첫 논문이 발표돼 1961년 관련된 논문이 발표된 정치제도 분야보다 논문 발표의 시기가 다소 앞섰고 1992년 한중수교 이전에 총 7편의 논문이 발표돼 정치제도 분야의 4편보다 발표 논문의 수에서 근소한 차로 앞서 있지만 그 숫자에 특별한 의미를 부여할 정도는 아닌 것으로 보여 정치제도 분야와 마찬가지로 정치사상 분야에서도 한국학 차원에서 의미 있는 연관성을 찾기는 어려워 보인다. 정치사상 분야는 정치제도 분야와 달리 수교 이후에도 연구논문의 수에서 양적인 성장을 보이지 않고 있다. 수교 이후 2017년까지 총 31편의 논문만이 추가로 발표된 것을 볼 때 중국학계의 정치사상 분야에서 한국학과 관련된 연구는 거의 불모지와 다름없는 형태임을 짐작할 수 있다. 시기적으로도 1997년부터 2008년까지 10편이 발표되는 데 그쳤고 이후 2010년과 2013년 사이에 15편이 발표돼 약간의 성장세를 보였으나 2014년 이후 총 6편의 논문만이 발표돼 다시 과거와 유사한 흐름을 보이고 있다. 이는 전반적으로 정치사상 분야에 대한 연구자들의 관심이 적어 이에 관한 연구를 수행하는 학자의 수가 극소수로만 존재함을 의미하는 것이다.

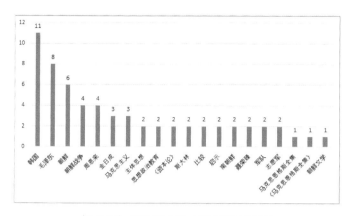

〈그림 17〉 정치사상 분야 상위 키워드 분포도

<그림 17> 정치사상 분야 상위 키워드 분포도를 살펴보면 한국이라는 키워드가 총 11회 사용돼 키워드 분포도의 가장 상위에 위치하고 있으며 그 뒤를 이어 모택동이 8회, 조선이 6회, 조선전쟁과 주은래가 각각 4회, 김일성과 마르크스주의가 각각 3회 그리고 주체사상과 사상정치교육 등이 각기 2회씩 등장하는 것을 알 수 있다. 정치사상 분야에서 상위 20개의 키워드 총합이 62개에 불과해 키워드 분포도를 통해 유의미한 분석을 하는 것이 쉽지 않다 할지라도 일정한 흐름은 발견할 수 있다.

우선 정치제도 분야와 마찬가지로 한국과 관련해 조선, 조선전쟁, 김일성이 상대적으로 상위권에 위치한 것으로 봐 한국전쟁과 관련한 논문이 주를 이루고 있다는 것이다. 이는 지원, 군대의 키워드가 분포도에 나타난 것을 통해서도 유추해 볼 수 있다. 다음으로 모택동, 주체사상, 사상정치교육, 마르크스주의, 자본론, 스탈린, 비교 등의 키워드를 통해 공산주의 사상에 대한 비교연구와 이를 교육 목적으로 활용하려는 의도가 연구에 반영됐음을 추정할 수 있다.

<표 4> 정치사상 분야 키워드 동시출현 분포도

Source	Target	Weight
毛泽东	周恩来	4
毛泽东	朝鲜战争	4
毛泽东	朝鲜	3
韩国	启示	2
韩国	思想政治教育	2
毛泽东	志愿军	2
毛泽东	军队	2
毛泽东	聂荣臻	2
毛泽东	金日成	2
毛泽东	斯大林	2
志愿军	军队	2
朝鲜	马克思主义	2
朝鲜	主体思想	2
聂荣臻	周恩来	2
周恩来	朝鲜战争	2
周恩来	金日成	2
周恩来	斯大林	2
朝鲜战争	金日成	2
朝鲜战争	斯大林	2
金日成	斯大林	2

<표 4> 정치사상 분야 키워드 동시출현 분포도는 <표 3> 정치 제도 분야 키워드 군집 분포도와 마찬가지로 동시에 출현한 빈도수가 높은 키워드를 상위에서 하위 순으로 정리해 놓은 것이다. <표

4>에 따르면 제한된 문헌에도 불구하고 毛泽东과 周恩来(4회), 毛泽东과 朝鲜战争(4회), 毛泽东과 朝鲜(3회)이 상대적으로 높은 동시출현 비율을 보이고 毛泽东과 志愿军(2회), 毛泽东과 军队(2회), 毛泽东과 金日成(2회), 朝鲜과 马克思主义(2회), 朝鲜과 主体思想(2회), 朝鲜战争과 金日成(2회), 朝鲜战争과 斯大林(2회) 등이 뒤를 잇고 있다. 키워드 동시출현 분포도를 통해 알 수 있는 것은 정치사상 분야의 주된 연구 대상은 중국의 한국전쟁 참여라는 것을 확인할 수 있으며 마르크스주의와 주체사상처럼 공산주의 사상을 비교 연구하는 것이 다음으로 관심 있는 연구 대상이었음을 알 수 있다.

<표 5> 정치사상 분야 키워드 연결정도 중심성 분포도

	Degree Centrality
毛泽东	0.081633
周恩来	0.05102
斯大林	0.040816
金日成	0.040816
朝鲜战争	0.040816
朝鲜	0.030612
聂荣臻	0.020408
军队	0.020408
志愿军	0.020408
韩国	0.020408
主体思想	0.010204
思想政治教育	0.010204
启示	0.010204
马克思主义	0.010204

<표 6> 정치사상 분야 키워드 군집 분포도

	毛泽东,周恩来,朝鲜战争,金日成,斯大林	94
	毛泽东,军队,志愿军	48
	毛泽东,周恩来,聂荣臻	32

<표 4>가 쌍으로 함께 출현하는 키워드의 분포도를 보여준다면 <표 5> 정치사상 분야 키워드 연결정도 중심성 분포도와 <표 6> 정치사상 분야 키워드 군집 분포도는 키워드의 출현 빈도수를 넘어 각각의 키워드가 군집으로 출현하는 형태와 군집을 형성하는 데 있어서 가장 핵심적인 작용을 한 키워드를 특정해 정치사상 분야에서 지식지형도가 형성되는 모습을 구체적으로 보여주고 있다. 키워드 연결에서 중심성이 가장 높게 나타난 단어는 마오쩌둥(중심성 0.081633)으로 바로 하위 그룹을 형성하고 있는 저우언라이(0.05102), 스탈린(0.040816), 김일성(0.040816), 조선전쟁(0.040816)보다 약 두 배 정도 높게 나타나며 그 외의 키워드들보다는 월등히 높은 강도의 중심성을 보이고 있다. 이를 어떤 키워드들이 함께 군집으로 형성돼 있는지를 표시하는 <표 6>에 대입하면 키워드로서 마오쩌둥의 중요성을 확인할 수 있다. <표 6>에 따르면 '毛泽东, 周恩来, 朝鲜战争, 金日成, 斯大林'의 키워드 군집이 총 94회 등장하고, '毛泽东, 军队, 志愿军' 키워드 군집이 총 48회, '毛泽东, 周恩来, 聂荣臻'의 키워드 군집이 총 32회 등장한다. 이처럼 키워드 군집 분포도는 키워드 사이에 형성돼 있는 일정한 학문적 흐름과 맥락뿐만 아니라 어떤 키워드가 관련 학문을 전개하

는 데 있어서 핵심적인 역할을 수행하는지를 밝히는 방법을 제공함으로써 단순히 단일 키워드나 동시출현 키워드의 빈도수 조사만으로는 파악할 수 없는 관련 학문의 지식지형도를 구성하는 데 두드러진 역할을 하고 있음을 보여주는 것이다.

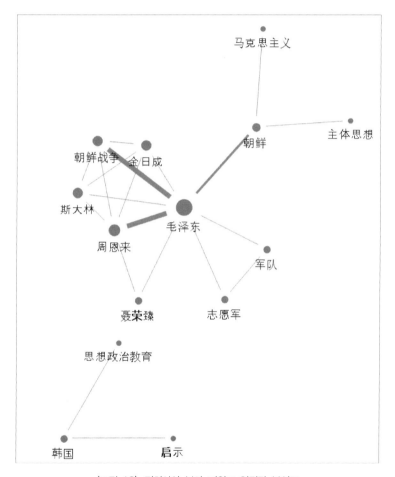

〈그림 18〉 정치사상 분야 키워드 연결망 분석도

<그림 18> 정치사상 분야 키워드 연결망 분석도는 중심성이 강한 마오쩌둥을 중심으로 조선전쟁, 저우언라이, 스탈린, 김일성을 중심으로 형성된 키워드 군집을 표시하고 있다. <그림 18>에서 연결성이 진하게 표시된 키워드는 마오쩌둥과 조선전쟁, 저우언라이임을 알 수 있는데 이는 '마오쩌둥, 조선전쟁, 저우언라이'를 축으로 하는 핵심 군집과 '마오쩌둥, 조선전쟁, 김일성', '마오쩌둥, 저우언라이, 조선전쟁', '김일성, 조선전쟁, 스탈린', '스탈린, 저우언라이, 김일성', '마오쩌둥, 김일성, 스탈린', '마오쩌둥, 저우언라이, 스탈린'을 중심으로 하는 하부 군집이 따로 형성돼 있음을 보여준다. 그리고 마오쩌둥과 상대적으로 높은 연결성을 지니는 조선이라는 키워드는 주체사상과 마르크스주의와 일정한 연결성은 지니지만 실제적인 키워드 군집을 형성하지는 않아 지형도 형성에 뚜렷한 역할을 하는 것으로 드러나지는 않았다.

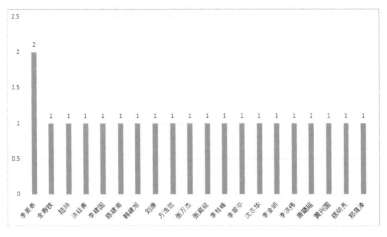

〈그림 19〉 정치사상 분야 저자별 분포도

<그림 19> 정치사상 분야 저자별 분포도는 정치사상 분야에서 한국과 관련된 논문을 작성한 20명의 학자를 표시한 것인데 李晟泰가 2편의 논문을 작성한 것을 제외하면 나머지 학자들은 모두 1편씩만 논문을 작성해 정치사상 분야에서 의미 있는 공헌을 한 학자는 찾을 수 없었다. 이는 정치사상 분야의 키워드 군집 분포도나 키워드 연결망 분석도에서 키워드가 어떤 식으로 지식지형도를 형성하는지와 달리 전체적으로 이 분야의 학문을 주도하는 학자는 존재하지 않고 있음을 함의한다. 그럼에도 키워드 연결망을 통해 정치사상 분야의 후속 연구를 진행할 후학을 위해 정치사상 분야에서 일정한 공헌을 한 두 명의 학자들에 대한 기본적인 정보를 제공하고자 한다. 연구자 李晟泰는 2003년 7월 중국인민대학교 마르크스주의학원을 졸업하면서 철학박사 학위를 취득했다. 현재 중국인민대학교 당대중국연구센터 연구원으로 재직하고 있고 모택동 사상과 중국 근대 사상을 주로 연구하고 있다. 주요 논문으로 '유태인문제와 마르크스철학사상', '프로이센 의식상태와 인류해방사상', '공산당선언과 인류해방사상', '마르크스 철학의 대상과목표', '신성가족과 마르크스 철학사상' 등이 있다. 연구자 金寿铁은 철학박사로 현재 랴오닝대 교수로 재직 중이며 길림사범대 교수, 길림성사회과학원 철학과문화연구소 연구원을 역임했다. 주요 관심 분야는 독일철학, 과학기술 철학, 국외 마르크스주의 연구이며 다수의 저작을 저술했으며 "중국사회과학", "마르크스주의연구", "중국사회과학학보" 등에 148편의 논문을 발표했다.

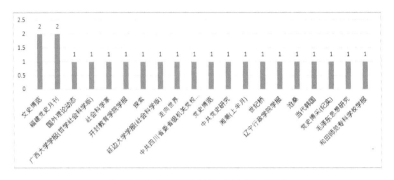

〈그림 20〉 정치사상 분야 학술지별 분포도

    <그림 20> 정치사상 분야 학술지별 분포도를 보여주는 것으로 "文史博览"과 "福建党史月刊"에 각각 2편의 논문이 발표됐고, "国外理论动态" 등에 1편의 논문이 발표됐다. 학술지 "文史博览"은 중국 인민정치협상회의 호남성위원회에서 중국 철학 및 인문과학 그리고 중국통사 연구를 목표로 1960년에 창간된 이래 현재까지 9,068편의 문헌을 출판했으며 월간으로 발간되고 있다. 학술지 "福建党史月刊"은 중국공산당복건성위당사연구실에서 중국 사회과학과 중국공산당에 대한 연구를 목표로 1982년 창간된 이래 현재까지 총 11,464편의 문헌을 출판했으며 월간지로 발행되고 있다. 학술지 "国外理论动态"는 중국공산당중앙편집번역국세계발전전략연구부에서 중국 사회과학과 중국정치 및 국제정치를 연구 목표로 1991년 창간된 이래 현재까지 총 4,504편의 문헌을 출판했고 월간지로 발간되고 있다.

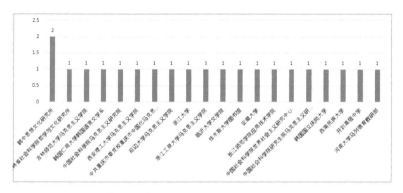

〈그림 21〉 정치사상 분야 소속기관별 분포도

 <그림 21> 정치사상 분야 소속기관별 분포도는 정치사상 분야를 연구하는 학자들이 소속된 연구기관을 보여주고 있다. 吉林省社会科学院哲学与文化硏究所, 吉林师范大学马克思主义学院, 中国社会科学院马克思主义硏究院 등에서 소수의 연구자들이 연구하고 있음을 알 수 있다. 吉林省社会科学院哲学与文化硏究所는 1958년 설립된 중국과학원길림분원 철학연구소(후에 길림성 철학사회과학연구소 철학연구실로 바뀜)와 동북문사연구소 중국사상사연구실을 전신으로 하고 있다. 주된 연구 분야는 마르크스주의철학사, 미학, 중국철학, 역학 등이다. 吉林师范大学马克思主义学院은 현재 3개 학과, 4개의 교연실을 산하에 두고 있으며 박사 지도교수 1명, 석사 지도교수 21명, 외국인 초빙교수 6명이 있다. 中国社会科学院马克思主义研究院은 2005년 12월 26일 원래 존재했던 마르크스-레닌주의 모택동 사상연구소를 기초로 다시 설립되었다. 마르크스주의 발전사, 해외 마르크스주의, 마르크스주의의 중국화, 국제 공산주의 운동 역사를 주로 연구하고 있다.

제3절 중국의 외교안보 분야
시기별 지식지형도

외교안보 분야는 정치제도 분야, 정치사상 분야와 달리 중국에서 한국에 대한 연구가 상대적으로 활성화돼 있는 분야이다. 이는 한중수교가 이루어진 1992년 이전에도 연구가 활발히 이루어졌음을 의미한다. <그림 22> 외교안보 분야 1950-2017년 연도별 분포도는 외교안보 분야에서 이루어진 한국학에 대한 연구 경향과 성과를 잘 보여주고 있다. <그림 22>에 따르면 1950년에서 2017년까지 발표된 외교안보 분야의 문헌이 총 4,033편임을 알 수 있다. 이 중 1950년과 한중수교 이전 해인 1991년까지 발표된 논문의 수는 138편이고 한중수교 이후 연구의 양이 급격히 증가해 1992년부터 2017년까지 3,895편의 논문이 발표됐다. 위에서 언급했듯이 한중수교 이전과 이후 외교안보 분야에서 발표된 문헌을 합산하면 모두 4,033편으로 이는 외교안보 분야에서 한국에 대한 연구가 양적인 팽창뿐만 아니라 질적인 성장도 함께 이루어졌을 것이라는 추론을 가능하게 한다.

<그림 22>에 입각해 외교안보 분야와 관련해 진행된 중국에서의 한국학 연구를 좀 더 세밀히 들여다보면 1950년에 7편의 문헌이 발표됐음을 알 수 있다. 이후 1954년에 9편이 발표된 이후 어느 정도 소강상태를 유지하다 1984년 10편이 발표된 것을 기점으로 연구가 다시 활성화되는 경향을 보인다. 그리고 1990년 20편, 1991년 13편이 발표되며 상승세를 그리다 1992년 한중 간 국교가 정상화된 이후 출판된 논문의 수가 급격히 증가하기 시작한다. 이는 1992년 이전 중국학자들이 한국에 대한 연구보다는 군사적 동맹이자 이데올로기적으로 사회주의 노선을 공유하고 있는 북한에 대한 연구에 몰두했음을 의미한다. 또한 비록 동북아시아에서 미국과 북한의 갈등이 위험한 수준으로 표출되는 순간이 존재했고 한국과 북한의 대결구도가 지속되는 국제정세 속에서도 북한 연구에 대한 수요가 급속히 증가할 만한 필요성이 인정되지 않았음을 의미하는 것이다.

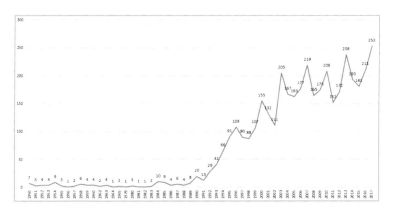

〈그림 22〉 외교안보 분야 1950-2017년 연도별 분포도

중국과 북한의 혈맹관계에도 불구하고 연구 흐름에서 두드러진 변화 양상이 포착되지 않던 한국학 연구는 1992년 한중수교를 기점으로 양적인 측면에서 급격한 변곡점을 맞이한다. 한중수교 당해 연도에 그 어느 때보다 많은 29편의 논문이 발표되더니 이후 1996년도에 108편의 논문이 발표되는 등 급격한 증가세를 보인다. 이후 2000년에 155편, 2003년에 205편, 2013년에 238편, 2017년에 253편으로 정점을 찍는다. 중간중간 발표 논문의 수가 다소 하락한 경우도 있지만 한국과 중국의 국교 정상화가 외교안보 분야에서 한국학 연구에 전환점으로 작용했다는 점에 문제를 제기할 수는 없다.

한중수교 외에 외교안보 분야에서 한국에 대한 연구가 증가한 또 다른 요인을 뽑자면 국제정치의 급격한 변동을 들 수 있다. 첫째 요인으로는 한국, 북한, 중국이 직접적인 당사자로 연관된 북한의 핵개발을 언급할 수 있다. 1992년에 발생해 1994년까지 지속된 1차 북핵 위기, 2002년에 재발한 2차 북핵 위기 그리고 이 과정에서 남북한을 비롯해 미국, 일본, 중국, 러시아 6나라가 관여한 6자회담을 둘러싸고 진행된 샅바싸움과 6차례에 걸친 북한의 핵실험으로 인해 고양된 국제정세의 위기가 중국학자들로 하여금 한국과 북한의 외교안보에 대한 연구의 필요성을 증가시킨 것으로 보인다.

둘째 요인으로는 미국 패권의 상대적 약화와 중국의 급격한 부상으로 동북아시아에서 유지되던 세력균형의 균열을 들 수 있다. 1978년 실시된 개혁 개방, 2001년 세계무역기구(WTO) 가입 이후 중국의 경제는 가파른 성장세를 유지하며 영국, 독일, 일본을 추월해 세계 2위 경제대국의 지위에 오른다. 중국의 강대국화는 동북아시아에서 미국 패권의 상대적인 약화를 불러일으켰는데 이는 한국의 외교안보 전략에 딜레마를 발생시켰다. 대표적인 사례가 2017년 9월 북한이 6차 핵실험을 실시한 이후 한국 정부가 미국이 아시아에서 설치하려는 탄도미사일방어시스템 전략의 일환인 고고도미사일방어체계(THAAD)를 도입하기로 결정한 이후 중국이 한국에 가한 정치적 압력과 경제제재를 들 수 있다. 이와 같은 국제정치 환경의 변화는 중국과 한국 모두에서 상대방 외교정책에 대한 연구 수요를 급증시켰는데 이 결과 중국 외교안보 분야에서 한국에 대한 연구 성과가 빠르게 증가했다.

  정치제도 분야에서 한중수교 이전 발표된 논문이 4편, 한중수교 이후 발표된 논문이 299편이고 정치사상 분야에서 한중수교 이전에 발표된 논문이 7편, 한중수교 이후 발표된 논문이 31편에 머문 것과 상이한 이와 같은 연구업적 성과는 외교안보 분야의 분석을 한중수교 이전과 이후로 나눠 진행할 필요성을 제기해 준다. 이에 제3절에서는 정치제도 분야와 정치사상 분야에서 모든 연구 성과를 합산해 실시했던 분석과 달리 1992년을 기점으로 한중수교 이전과 이후에 발표된 연구 결과들을 분리해 분석할 것이다.

3-1. 1992년 한중수교 이전까지의 연구 (1950-1991년)

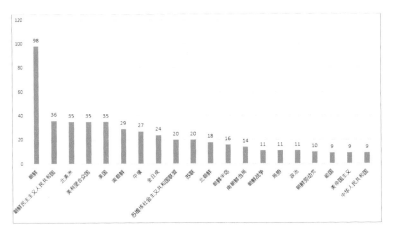

〈그림 23〉 외교안보 분야 1992년 이전 키워드 분포도

　　<그림 23> 외교안보 분야 1992년 이전 키워드 분포도는 한중수
교 이전 외교안보 분야 논문에서 사용된 키워들을 보여주고 있다.
<그림 23>에 따르면 상위 20개 키워드 중 조선이 98회, 조선민주
주의인민공화국 36회, 북미주 35회, 아메리카합중국 35회, 미국 35
회, 남조선 29회, 평양 27회, 김일성 24회 등이 주요 키워드로 등장
하고 있다. 키워드 조선의 빈도수가 가장 많이 등장했고 이후 조선
민주주의인민공화국 그리고 미국을 뜻하는 다양한 키워드들인 북미
주, 아메리카합중국이 동일한 빈도수로 출현했는데 조선과 조선민
주주의인민공화국을 합산하면 134회, 미국을 뜻하는 키워드 3개를
종합하면 105회로 실질적으로 그리 큰 차이를 나타내지는 않고 있
다. 이는 1992년 외교안보 분야에서 발표된 논문들이 주로 미국과
북한의 대결구도를 설명하고 분석하는 데 많이 할애됐음을 추정하

게 하는 대목이다. 유사하게 평양과 김일성이 주요 키워드로 등장하는 것 또한 한국전쟁 이후 미국과 북한 관계가 주된 연구 주제였음을 뒷받침한다. 반면, 한국이라는 키워드 대신 한국을 의미하는 남조선이 키워드로 사용된 것은 수교 이전 중국이 한국을 지칭하는 용어로 남조선을 공식적으로 사용했음을 보여준다.

<표 7> 외교안보 분야 1992년 이전 키워드 동시출현 분포도

동시출현 키워드 1	동시출현 키워드 2	동시출현 횟수
美国	美利坚合众国	35
美国	北美洲	35
美利坚合众国	北美洲	35
朝鲜	平壤	27
朝鲜	朝鲜民主主义人民共和国	27
平壤	朝鲜民主主义人民共和国	23
苏联	苏维埃社会主义共和国联盟	20
朝鲜	金日成	19
朝鲜	美国	15
朝鲜	美利坚合众国	15
朝鲜	北美洲	15
朝鲜民主主义人民共和国	南朝鲜当局	14
金日成	朝鲜民主主义人民共和国	13
南朝鲜	苏联	11
南朝鲜	苏维埃社会主义共和国联盟	11
美国	南朝鲜	10
美利坚合众国	南朝鲜	10
北美洲	南朝鲜	10

동시출현 키워드 1	동시출현 키워드 2	동시출현 횟수
朝鮮	政治	9
局势	朝鮮半岛	9

이런 특징은 <표 7> 외교안보 분야 1992년 이전 키워드 동시출현 분포도에서 확인되고 있다. 동시출현 키워드 상위 20개를 조사한 결과 美国과 美利坚合众国(35회), 美国과 北美洲(35회), 美利坚合众国과 北美洲(35회), 朝鮮과 平壤(27회), 朝鮮과 朝鮮民主主义人民共和国(27회), 平壤과 朝鮮民主主义人民共和国(23회), 苏联과 苏维埃社会主义共和国联盟(20회), 朝鮮과 金日成(19회), 朝鮮과 美国(15회), 朝鮮과 美利坚合众国(15회), 朝鮮과 北美洲(15회) 등으로 대부분의 동시출현 키워드들은 미국 내지는 북한을 중심으로 하는 연구와 미국과 북한의 대립구도에 초점을 맞춘 연구들이 주를 이루고 있음을 보여준다. 그리고 局势와 朝鮮半岛(9회)라는 키워드가 동시출현 빈도에서 상위 20개 동시출현 키워드 중 최하위에 위치하고 있음을 알 수 있다.

<표 8> 외교안보 분야 1992년 이전 키워드 군집 분포도

局势,朝鮮半岛,缓和	129.75
北朝鮮,美国,美利坚合众国,北美洲,南朝鮮,苏联,苏维埃社会主义共和国联盟	107.545
朝鮮劳动党,朝鮮民主主义人民共和国,金日成	74.143
朝鮮,平壤,朝鮮民主主义人民共和国,南朝鮮当局	38.222
朝鮮战争,美国,美利坚合众国,北美洲	38.222
朝鮮,美国,美利坚合众国,北美洲,苏联,苏维埃社会主义共和国联盟	37.778
朝鮮,核武器,原子武器	37.071

朝鮮,平壤,朝鮮民主主義人民共和国,金日成	36.211
朝鮮,美国,美利堅众国,北美洲,朝鮮半島	29.483
朝鮮,政治,朝鮮民主主義人民共和国	27.316
朝鮮,朝鮮民主主義人民共和国,美帝国主义	27.316

흥미로운 것은 이전의 정치제도 분야와 정치사상 분야에서 나타났듯이 단일 키워드 분포와 동시출현 키워드 분포도가 지식지형도를 파악하는 데 있어 핵심적인 역할을 수행하는 키워드 군집 분포도와 일치하는 것은 아니라는 점이다. <표 8> 외교안보 분야 1992년 이전 키워드 군집 분포도를 살펴보면 이런 현상이 잘 확인되고 있다. <표 8>에 따르면 '局势, 朝鮮半島, 缓和'가 가장 핵심적인 키워드 군집으로 등장하면서 '北朝鮮, 美国, 美利堅众国, 北美洲, 南朝鮮, 苏联, 苏维埃社会主义共和国联盟' 키워드 군집과 함께 키워드 군집 분포도에서 최상위권을 차지하고 있다. 그 뒤를 '朝鮮劳动党, 朝鮮民主主義人民共和国, 金日成' 키워드 군집이 차상위권을 차지하고 '朝鮮, 平壤, 朝鮮民主主義人民共和国, 南朝鮮当局', '朝鮮战争, 美国, 美利堅合众国, 北美洲' 키워드 군집이 그다음 순위를 형성하고 있다. 이는 비록 단일 키워드 분포도와 동시출현 키워드 분포도에서 빈도수가 낮게 나타나도 특정한 주제를 바탕으로 한 키워드 군집이 형성돼 지식지형도를 형성하는 하나의 독자적인 연결망을 형성하고 있음을 암시하는 것으로 파악할 수 있다. 이런 현상은 <그림 23> 외교안보 분야 1992년 이전 키워드 분포도에서 잘 드러나고 있다.

중심성이 가장 강한 朝鮮이라는 키워드를 중심으로 '朝鮮, 北美

洲, 朝鮮半島’가 하나의 키워드 연결망을 형성하고 있는데 朝鮮半島에서 뻗어 나간 ‘局势, 朝鮮半島, 缓和’가 또 다른 독자적인 연결망을 구성하고 있는 것이다. 이는 비록 중심성은 약하지만 3개 키워드를 주제어로 하는 일정한 연구 경향이 존재했음을 뜻하는 것으로 이해될 수 있다.

하지만 <그림 24>는 전반적으로 <표 8>에서 등장하는 키워드 군집 분포도를 바탕으로 한 지식지형도가 일목요연하게 형성되고 있음을 보여주고 있다. 키워드 군집 분포도에서 두 번째, 다섯 번째, 여섯 번째 자리에 공통으로 존재하는 ‘美国, 美利坚合众国, 北美洲’ 키워드 군집이 키워드 연결망에서 가장 두드러지게 표시되고 있고 네 번째와 여덟 번째 공통으로 등장하는 ‘朝鮮, 平壤, 朝鮮民主主义人民共和国’ 키워드 군집이 다음으로 진한 연결망을 형성하고 있는 것이 확인된다. 이 밖에도 ‘朝鮮, 美国, 美利坚合众国’, ‘朝鮮, 美利坚合众国, 北美洲’의 키워드 군집이 다음으로 선명한 키워드 연결망을 통해 하나의 지식지형도를 형성하고 있음도 볼 수 있다.

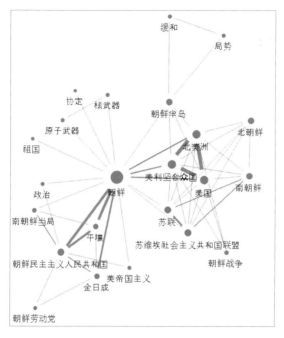

〈그림 24〉 외교안보 분야 1992년 이전 키워드 연결망 분석도

3-2. 1992년 한중수교 이후의 연구 (1992-1997년)

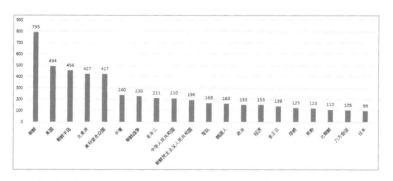

〈그림 25〉 외교안보 분야 1992년 이후 키워드 분포도('한국' 1,679번 제외)

<그림 25> 외교안보 분야 1992년 이후 키워드 분포도는 1992년 수교 이후 외교안보 분야에서 등장한 단일 키워드의 분포를 나타내고 있다. 이 키워드 분포도에서는 빈도수에서 1,679회로 가장 많이 등장한 한국이라는 키워드를 제외했다. 한국을 제외하고 가장 많이 등장한 키워드는 조선(795회), 미국(494회), 조선반도(456회), 북미주(427회), 아메리카합중국(427회), 평양(240회), 조선전쟁(230회), 김영삼(211회), 중화인민공화국(210회), 조선민주주의인민공화국(196회), 한국인(163회) 등이다.

　<그림 25>에서 나타나는 가장 큰 특징은 한국이라는 키워드가 1,679번 등장해 한중수교 이후 중국 외교안보 분야 학계에서 차지하는 한국의 위상이 크게 증가했다는 점이다. 한국이라는 키워드가 급격히 증가한 원인으로 한중수교뿐만 아니라 한국과 관련된 다양한 쟁점들, 예를 들면, 북한 핵위기와 계속되는 핵실험, 사드배치 등 민감한 안보 이슈가 장기간에 걸쳐 지속적으로 발생했다는 점을 감안하더라도 한중수교 이전 외교안보 분야 키워드에서 한국을 상징하는 남조선이라는 키워드가 29회만 등장했다는 점을 고려하면 한국의 중요성이 그만큼 증가했다는 결과로 풀이할 수 있다.

　다음으로, 같은 나라를 상징하는 것으로 이해될 수 있는 조선과 조선민주주의공화국의 키워드를 합산하면 총 990회, 미국, 북미주, 아메리카합중국이라는 키워드를 합산하면 총 1,348회의 분포가 각각 나타났다. 이는 한국이라는 키워드를 제외할 경우 1992년 한중수교 이전 외교안보 분야의 키워드 분포도와 마찬가지로 조선과 미국이라는 키워드가 가장 많이 등장하는 공통된 특성이 발견됐다는 점이다. 이뿐만 아니라 한중수교 이후 공식적으로 남조선을 한국으

로 대체해 한국을 나타내는 다른 키워드가 따로 존재하지 않는 상황을 고려한다면 외교안보 분야에서 다루어지는 논문의 대부분이 실질적으로 한국, 조선, 미국이라는 3개국에 집중돼 있고 한국과 다른 나라의 외교안보와 관련된 연구는 거의 수행되지 않고 있음을 의미하는 것이다.

마지막으로 한국의 전임 대통령인 김영삼과 한국인이라는 키워드 빈도수가 상위권에 포진하고 있다는 점이다. 이는 한중수교가 노태우 대통령 시절 체결됐다 할지라도 수교 직후 한중 관계의 실질적인 증진이 김영삼 대통령 시절부터 이루어져 다른 어떤 대통령보다 많이 언급됐음을 추정할 수 있다. 또 다른 이유는 김영삼 정부 시절 발생한 1차 북핵위기를 주요 원인으로 지적할 수 있다. 북한이 1차 핵위기 이후에도 핵개발을 멈추지 않았지만 중국의 학자들이 처음 발생한 핵위기에 더 주목했을 가능성을 함의하는 부분이다. 특이한 것은 한국인이라는 키워드가 상위에 분포하고 있는데 이는 한중수교 이후 많은 한국인들이 중국 연해지역으로 진출해 중국 경제성장에 기여하면서 한중관계의 중요한 가교 역할을 수행했기 때문으로 추정된다.

<표 9> 외교안보 분야 1992년 이후 키워드 동시출현 분포도

Source	Target	Weight
美国	美利坚合众国	427
美国	北美洲	427
美利坚合众国	北美洲	427
朝鲜	平壤	240
美国	朝鲜	219
美利坚合众国	朝鲜	211
北美洲	朝鲜	211
韩国	金泳三	182
朝鲜	朝鲜民主主义人民共和国	173
朝鲜民主主义人民共和国	平壤	165
朝鲜	韩国	134
韩国	总统	111
美国	韩国	109
韩国	政治	109
朝鲜	金正日	108
朝鲜半岛	美国	103
美利坚合众国	韩国	96
北美洲	韩国	96
朝鲜半岛	美利坚合众国	91
朝鲜半岛	北美洲	91

<표 9> 외교안보 분야 1992년 이후 키워드 동시출현 분포도는 한중수교 이후 외교안보 분야에서 동시에 출현한 키워드를 정리한 것이다. 이에 따르면 美国과 美利坚合众国, 美国과 北美洲, 美利坚

合众国과 北美洲, 朝鲜과 平壤, 美国과 朝鲜, 美利坚合众国과 朝鲜, 北美洲와 朝鲜이 동시출현 키워드 상위 20개의 상단에 위치했음을 알 수 있다. 반면, 한국 을 포함한 동시출현 키워드는 韩国과 金泳三, 朝鲜과 韩国, 韩国과 总统, 美国과 韩国, 韩国과 政治 등 상위 20개 동시출현 키워드 분포도에서 상대적으로 낮은 단계에서 등장한다. 이는 <표 9>의 1992년 이전 외교안보 분야 동시출현 키워드 분포도 상위권에 자리 잡은 동시출현 키워드와 거의 유사한 형태로 한중수교 이후 한국이라는 단일 키워드의 사용이 급증했음에도 지식지형도를 형성하는 데 있어 미국과 북한이라는 두 국가의 관계에 비해 지식지형도를 형성할 만큼의 집중적인 연구가 상대적으로 덜 진행됐음을 의미하는 것이다. 이는 아래 <표 10> 외교안보 분야 1992년 이후 키워드 군집 분포도에서 확인될 수 있다.

<표 10>에 따르면 '朝鲜战争, 美国, 苏联', '北朝鲜, 美利坚合众国, 北美洲, 美国, 朝鲜战争', '韩国, 金泳三, 卢泰愚, 全斗焕', '北朝鲜, 美利坚合众国, 北美洲, 美国, 朝鲜半岛', '核试验, 朝鲜, 核爆炸试验', '核武器, 北美洲, 朝鲜, 美国, 美利坚合众国, 原子武器' 등이 키워드 군집 분포도의 상위권을 차지하고 있다. 반면, 한국과 관련된 키워드 군집은 위의 '韩国, 金泳三, 卢泰愚, 全斗焕'을 제외하면 대부분의 군집이 하위권에 자리 잡고 있을 뿐만 아니라 그 의미도 '韩国, 政治, 金泳三', '韩国, 金泳三, 总统', '韩国, 海军, 军队' 등 상위권에 위치한 키워드 군집과 달리 체계적이고 집중적인 연구 대상으로서의 한국의 의미를 파악하기 어려워 보인다. 이는 비록 한중수교 이후 한국이라는 키워드의 사용이 급상승했음에도 외교안보

분야 학자들의 주요 연구 대상은 여전히 미국과 북한의 관계, 특히 북한의 핵무기 개발에 따른 미국과 북한 사이에 형성된 긴장 구도와 이에 따른 한반도에서의 전쟁 재발 가능성에 집중되고 있음을 알 수 있다.

<표 10> 외교안보 분야 1992년 이후 키워드 군집 분포도

朝鲜战争,美国,苏联	46.875
北朝鲜,美利坚合众国,北美洲,美国,朝鲜战争	44.286
韩国,金泳三,卢泰愚,全斗焕	43.304
北朝鲜,美利坚合众国,北美洲,美国,朝鲜半岛	41.333
核试验,朝鲜,核爆炸试验	39.474
核武器,北美洲,朝鲜,美国,美利坚合众国,原子武器	39
朝鲜民主主义人民共和国,朝鲜,平壤,金正日	36.889
局势,美利坚合众国,北美洲,美国,朝鲜,朝鲜半岛	36.146
朝鲜民主主义人民共和国,朝鲜,平壤,美国,美利坚合众国,北美洲	34.465
韩国,朝鲜,美利坚合众国,北美洲,美国,平壤,朝鲜半岛	30.211
韩国,政治,金泳三	30
韩国,金泳三,总统	30
金日成,朝鲜,平壤	28.846
韩国,海军,军队	27.778
韩国,朝鲜,外交	18.293
韩国,朝鲜,经济	18.293
韩国,朝鲜,中华人民共和国	18.293
韩国,朝鲜,军队	16.304

<그림 26> 외교안보 분야 1992년 이후 키워드 연결망 분석도는 위의 발견을 뒷받침하고 있다. <그림 26>은 한국과 관련된 연결망이 극히 제한적으로 나타남을 보여주고 있다. 비록 한국이라는 키워드의 중심성이 가장 높게 나타나지만 한국을 키워드로 해 형성된 군집의 연결망은 '한국, 군대, 해군' 그리고 단일 키워드로 빈도수가 높았던 김영삼을 매개로 한 '한국, 김영삼, 노태우', '김영삼, 노태우, 전두환' 군집의 연결망이 발견될 뿐이다. 반면, 한국 다음으로 중심성이 높은 조선의 경우 '조선, 조선민주주의인민공화국, 평양'의 키워드 군집을 중심으로 선명한 연결망을 형성하고 있을 뿐만 아니라 '조선, 핵무기, 핵폭발실험', '조선, 핵무기, 원자무기' 키워드 군집 등을 중심으로도 연결망이 형성돼 있음을 발견할 수 있다. 그리고 키워드 군집에서 상위권을 차지하고 있는 조선과 미국 관련 키워드 군집은 '조선, 평양, 미국', '조선, 평양, 아메리카합중국', '조선, 평양, 북미주' 등의 연결망으로 복잡하게 얽혀 있을 뿐만 아니라 미국이라는 키워드를 매개로 '미국, 조선반도, 조선전쟁' 군집과 '미국, 북조선, 조선전쟁'의 군집이 연결망을 형성하고 있음을 알 수 있다.

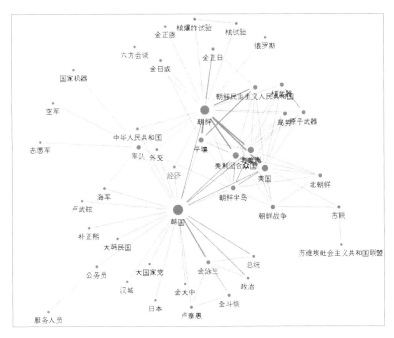

〈그림 26〉 외교안보 분야 1992년 이후 키워드 연결망 분석도

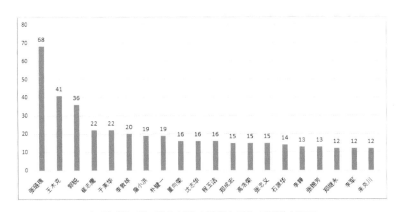

〈그림 27〉 외교안보 분야 1992년 이후 저자별 분포도

<그림 27> 외교안보 분야 1992년 이후 저자별 분포도는 1992년 이후 외교안보 분야에서 한국학과 관련된 논문을 발표한 상위 20명의 학자들을 보여주고 있다. 가장 많은 논문을 발표한 학자는 張蓮瑰로 68편의 논문을 발표했고 다음으로는 王木克이 41편, 郭銳가 36편, 崔志鷹, 于美华가 각각 22편씩의 논문을 발표했다. 그 외 詹小洪 19편, 朴健一 19편을 비롯해 상위 20위권에서 가장 적은 논문을 발표한 李軍, 朱克川 등도 12편을 발표하는 등 한중수교 이후 외교안보 분야 학자들의 한국학 논문 발표 건수가 크게 증가했음을 알 수 있다. 이는 이전의 정치제도 분야와 정치사상 분야에 비해 이 기간에 외교안보 분야에서 다작을 하는 전문가들이 늘어나고 있음을 보여주는 것이다.

이들의 이력을 간략히 살펴보면 국제정치학자 張蓮瑰는 1964년 7월부터 1968년 2월까지 북한의 김일성종합대학에서 유학한 후 1985년 12월부터 1988년 7월까지 중국공산당중앙당교 이론연구반에 재직했다. 길림성 국경수비 공안과 군부대에서 근무했으며 길림성사회과학원 조선연구소에서 연구한 경력을 지니고 있다. 1989년 5월부터 현재까지 중국공산당중앙당교에서 교육과 연구를 진행하고 있다. 주된 연구 주제는 국제정치이론과 한반도 문제 그리고 동북아시아 국제관계이다.

崔志鷹은 현재 동제대학 아태연구센터에서 한반도연구주임, 상해시 세계사학회 이사, 상해시 화교역사학회 이사, 상해시 대만연구회 이사, 중국사회과학원 한반도연구센터 특약 연구원, 상해복단대학 한국연구센터 겸임 연구원으로 활동하고 있다. 저서로는 "대국과 한반도"가 있다. 구자 박건일은 현재 중국사회과학동북아연구센터 주임을 담당하고 있다. 朴鍵一은 연변대학에서 물리학을 전공한 후 모스크바대학 지리학과에서 박사학위를 취득했다. 현재 중국사회과학원 아시아태평양연구소 부연구원으로 재직 중이다.

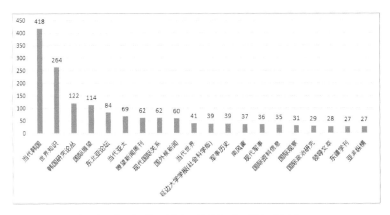

〈그림 28〉 외교안보 분야 1992년 이후 학술지별 분포도

<그림 28> 외교안보 분야 1992년 이후 학술지별 분포도는 1992년 이후 외교안보 분야에서 한국학과 관련된 논문이 발표된 상위 20개의 학술지를 보여주고 있다. 가장 많은 논문이 발표된 학술지는 当代韩国으로 총 418편의 논문이 발표됐다. 뒤를 이어 世界知识에서 264편, 韩国研究论쓰에서 122편, 国际展望에서 114편, 东北亚论坛에서 84편, 当代亚太에서 69편의 논문이 각각 발표됐다. 학술지 "当代韩国"은 사회과학문헌출판사에서 중국 사회과학, 중국정치와 국제정치를 목표로 1993년 창간된 이래 현재까지 2,730편의 논문을 출판했으며 계간지로 발행되고 있다. 학술지 "世界知识"은 세계지식출판사에서 중국 사회과학, 중국정치와 국제정치를 목표로

1934년 창간된 이래 현재까지 4,0237편의 논문을 출판했으며 한 달에 두 번씩 발행되고 저서로는 "박사클릭"이라는 항목에 "장림"이 쓴 건설적 『WTO개혁을 위한 중국의 방안』이 있다. 학술지 韩国研究论쓰은 복단대학 한국연구센터에서 한국 역사, 정치, 문화, 문학, 사회, 민속 분야를 목표로 1995년 창간된 이래 현재까지 총 962편의 논문을 출판했으며 1년에 두 번씩 출간되고 있다. 학술지 "国际展望"은 상해시 국제문제연구원에서 사회과학 및 정치 군사 법률을 목표로 1981년 창간된 이래 현재까지 12,729편의 문헌을 출판했으며 매 짝수 달에 출간되고 있다. 학술지 东北亚论坛은 길림대학에서 사회과학 및 정치 군사 법률을 목표로 1992년 창간된 이래에 현재까지 2,802편의 논문을 출판했으며 매 짝수 달에 출간되고 있다. 학술지 当代亚太는 중국사회과학원 아태 및 글로벌 전략 연구소에서 중국 정치와 국제정치 관련 논문 출판을 주로 하고 있다. 1992년 창간된 이래 총 2,789편의 논문을 출판했고 매 짝수 달에 한 번씩 출간된다.

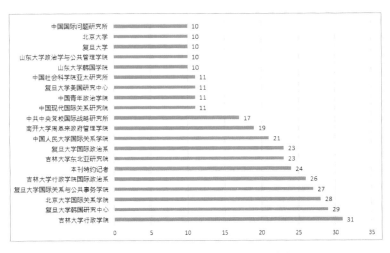

〈그림 29〉 외교안보 분야 1992년 이후 소속기관별 분포도

<그림 29> 외교안보 분야 1992년 이후 소속기관별 분포도는 1992년 이후 외교안보 분야에서 한국학 관련 연구자들이 소속된 기관 상위 20개를 표시한 것이다. <그림 29>에 따르면 吉林大学行政学院에 31명, 复旦大学朝鮮韓国研究中心에 29명, 北京大学国际关系学院에 28명, 复旦大学国际关系与公共事务学院에 27명, 吉林大学行政学院国际政治系에 26명, 吉林大学东北亚研究院에 23명, 复旦大学国际政治系에 23명의 연구원이 각각 소속돼 있다.

吉林大学行政学院은 1983년 길림대학 정치학과로 설립되었는데 이는 정치학과를 복원한 이후 중국 고등학원에 설립된 최초의 정치학과로서 현재 정치학과, 국제정치학과, 행정관리학과, 전자정부업무학과로 구성돼 있다. 复旦大学朝鮮韓国研究中心은 1992년에 설립됐고 주요 연구 방향은 한반도문제, 동북아국제관계, 지역합작, 당대 한국 연구, 한국독립운동 및 근대 한중관계이다. 상해사회과

학학원, 상해시당안관, 상해국제관계문제연구원, 상해화평발전연구소, 화동사범대학, 상해사범대학, 화동정법학원, 상해외국어대학, 상해이공대학, 중공중앙당사연구실, 중국사회과학원아태연구소, 북경대학, 청화대학, 연태대학, 청도대학, 청도과학기술대학, 일본 중앙대, 시마네 현립대학, 한국 성균관대학, 인천대학 등 국내외 여러 기관 및 대학들과 적극적인 학술 교류를 진행하고 있다.

北京大学国际关系学院은 중국 종합대학 중에서 최초로 국제관계학원을 설립했으며 중국의 국제문제와 외교를 비롯해 다양한 국제관계 이슈를 다루고 있다. 산하에 국제관계학과, 외교학과, 국제정치경제학과, 비교정치학과의 4개 학과와 국제관계 연구소, 아태연구소, 세계사회주의연구소의 3개 연구소로 구성돼 있고 그 외 20개가 넘는 연구센터를 두고 있다. 일본의 동경대학교, 와세다대학교, 일본대학, 나고야대학교, 런던 경제정치학원, 미국 아메리카대학교, 프랑스 보르도대학교, 홍콩 폴리테크닉대학교 및 홍콩대학교 등과 활발한 교류를 진행하고 있다. 吉林大学行政学院国际政治系는 1982년 국제정치학 석사 프로그램, 1998년 국제정치본과전공, 2000년에 국제정치전공 박사학위 프로그램을 개설했다. 주된 연구 방향은 국제정치이론, 당대국제관계, 동북아지역정치, 당대중국외교, 지연정치학, 국제조직 등을 포함한다. 吉林大学东北亚研究院은 1964년 일본문제 및 조선문제를 다루는 연구소로 출범했다. 1980년대 초기 일본 연구소가 먼저 설립됐고 인구연구소, 소련연구소, 조선연구소가 차례로 세워졌다. 이후 세계경제연구소, 지역경제연구소, 국제정치연구소, 역사 및 문화 연구소, 인구 자원과 환경 연구소, 두만강 국제개발 연구소가 설립됐다.

제4절 법률·행정 분야

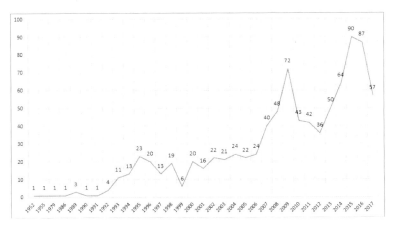

〈그림 30〉 법률행정 분야 1952-2017년 연도별 분포도

<그림 30> 법률행정 분야 1952-2017년 연도별 분포도는 1952년
부터 2017년까지 법률행정 분야에서 발표된 한국학 관련 논문의
수를 보여주고 있다. 1952년 최초 1편의 논문이 발표된 법률행정

분야의 논문 수는 2015년 최고 많은 90편의 논문이 발표되면서 정점을 찍는다. 이 기간에 발표된 논문의 수는 총 896편으로 외교안보 분야보다는 적지만 정치제도 분야와 정치사상 분야의 논문보다는 많이 발표됐다. 이 중 한중수교 이전인 1991년까지 발표된 논문의 양은 9편으로 정치제도 분야나 정치사상 분야와 마찬가지로 한중수교 이전까지 한국학과 관련해 극소량의 논문만이 발표됐다. 한중수교 이후 점차 증가세를 나타내고 있다.

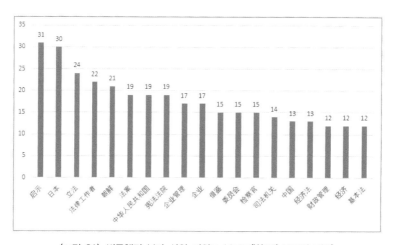

〈그림 31〉 법률행정 분야 상위 키워드 분포도('韓国' 545번 제외)

<그림 31> 법률행정 분야 상위 키워드 분포도는 법률행정 분야에서 총 545회 언급된 한국이라는 키워드를 제외하고 가장 빈번하게 이용된 상위 20개의 키워드를 보여주고 있다. 이 중 啓示라는 키워드가 31회로 가장 많이 등장하고 일본(30회), 입법(24회), 법률공작자(22회), 조선(21회)이라는 키워드가 그 다음으로 많이 사용됐고 경제와 기본법이 각각 12회씩 등장한다.

<표 11> 법률행정 분야 키워드 동시출현 분포도

Source	Target	Weight
毛泽东	周恩来	4
毛泽东	朝鲜战争	4
毛泽东	朝鲜	3
韩国	启示	2
韩国	思想政治教育	2
毛泽东	志愿军	2
毛泽东	军队	2
毛泽东	聂荣臻	2
毛泽东	金日成	2
毛泽东	斯大林	2
志愿军	军队	2
朝鲜	马克思主义	2
朝鲜	主体思想	2
聂荣臻	周恩来	2
周恩来	朝鲜战争	2
周恩来	金日成	2
周恩来	斯大林	2
朝鲜战争	金日成	2
朝鲜战争	斯大林	2
金日成	斯大林	2

<표 23> 법률행정 분야 키워드 동시출현 분포도는 법률행정 분야에서 동시출현 한 상위 20개의 키워드의 분포를 보여주고 있다. 毛泽东과 周恩来, 毛泽东과 朝鲜战争이 각각 4회씩 동시출현 했으

며 毛澤東과 朝鮮이 3회, 韓国과 启示, 韓国과 思想政治教育 등 나머지 동시출현 한 17개의 키워드는 모두 2회씩 나타난 것으로 파악됐다. 특이한 점은 1992년 이후 외교안보 분야에서 단일한 키워드로 한국이라는 키워드가 1,679번 나타났지만 동시출현 키워드나 키워드 군집 분포도에서 상대적으로 출현 빈도가 낮았듯이 법률행정 분야에서도 한국이라는 키워드가 단일 키워드로는 가장 많이 등장했지만 동시출현 분포도에서는 주목할 만한 두드러짐을 보이지 못하는 것으로 나타났다. <표 12> 법률행정 분야 키워드 군집 분포도에서는 이전 외교안보 분야와 또 다른 모습이 나타나는 것을 볼 수 있다.

<표 12> 법률행정 분야 키워드 군집 분포도

韩国,投资,财政管理,企业,企业管理	7.77
韩国,司法机关,法律工作者,检察厅,检察官	7.372
韩国,日本,反垄断法,经济法	6.026
韩国,日本,经济发展战略,经济战略	6.026
韩国,被告人,检察官,法律工作者	5.8
韩国,民法,商法	4.618
韩国,税法,税收制度	4.618
韩国,法案,国会	4.618
韩国,公务员,服务人员	4.618
韩国,电器,电气设备	4.618
韩国,立法,法的制定	4.558
韩国,立法,农业,农村	4.558
韩国,司法机关,法院	4.443

<표 12>는 상위 13개의 법률행정 분야 키워드 군집 모두에 한국

이 포함됐음을 보여주고 있다. 값이 가장 높은 '韩国, 投资, 财政管理, 企业, 企业管理'와 '韩国, 司法机关, 法律工作者, 检察厅, 检察官'부터 값이 가장 낮은 '韩国, 立法, 农业, 农村'과 '韩国, 司法机关, 法院'에 이르는 키워드 군집 모두에서 한국이 핵심 키워드로 출현하는 것을 볼 수 있다.

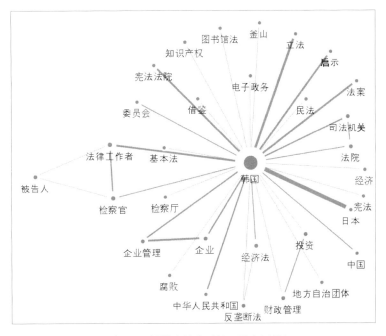

<그림 32> 법률행정 분야 키워드 연결망 분석도

<그림 32> 법률행정 분야 키워드 연결망 분석도는 중심성이 가장 높은 한국이라는 키워드를 중심으로 형성된 키워드 연결망을 보여주고 있다. 이 연결망에 따르면 <그림 31>에서 키워드 출현 횟수가 가장 높은 게시, 일본, 입법 등의 키워드가 한국을 중심으로

진한 연결망을 형성하고는 있지만 특정한 지식지형도를 형성하지는 않는 것으로 드러났다. 반면에 키워드 군집 분포도에서 최상위권에 위치한 '韓国, 投资, 财政管理'와 '韓国, 法律工作者, 检察官' 키워드 군집은 한국을 중심으로 일정한 연결망을 형성하고 있다. 또한 키워드 군집 분포도에는 등장하지 않는 '한국, 기업, 기업관리'라는 키워드가 하나의 연결망으로 이어지고 있음도 밝혀졌다.

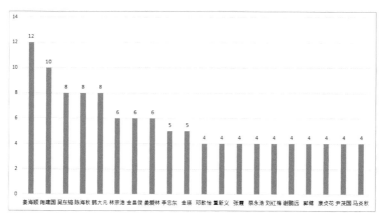

〈그림 33〉 법률행정 분야 저자별 분포도

<그림 33> 법률행정 분야 저자별 분포도는 1952년부터 2017년까지 법률행정 분야에서 한국학 관련 논문을 발표한 저자들의 분포도를 보여주고 있다. <그림 33>에 따르면 姜海顺이 12편, 陶建国이 10편, 吴东镐, 韩大元, 金昌俊이 각각 8편의 논문을 발표해 상위권에 위치하고 있다. 이 수치는 외교안보 분야와 비교할 때는 발표된 논문의 수가 작은 것처럼 보이지만 정치제도 분야, 정치사상 분야와 비교했을 때는 개인적으로 발표된 논문의 수가 상대적으로 많다

고 할 수 있다.

姜海順은 1985년에 길림대학에서 법률학학사 학위 취득, 1997년 연변대학에서 법학석사 학위 취득 후 2006년 북한 김일성종합대학에서 법학박사 학위를 취득했으며 현재 연변대학교 법학원 교수로 재직 중이다. 주된 연구 방향은 한중(북한)민상법비교연구, 혼인계승법, 채권법이며, 석사학위를 취득했다. 대표적인 연구 성과로는 저작 "혼인과 계승 법학"(연변대학출판사, 2011년), "동북아지역 공조와 법제 발전"(홍콩아시아출판사, 2010년), "한중가족법과비교연구"(법률출판사 / 2009년), "중국법률상식"(한국문원북출판사, 2004년), "가정법률상담집"(요녕민족출판사, 2002년)이 있다.

吳东镐는 1994년 연변대학에서 법률학학사 학위 취득, 1998년 연변대학에서 법률학석사 학위 취득, 2003년 일본 게이오대학에서 법학박사 학위를 취득했다. 현재 연변대학교 교수로 재직 중이며 주요 연구 성과는 "일본행정법"(중국정법대학출판사, 2011년), "한중국가배상제도비교연구"(법률출판사, 2008년)가 있다. 韓大元은 1984년 길림대학에서 법률학학사 학위 취득, 1987년 인민대학 법학원에서 석사 학위 취득, 1994년 인민대학 법학원에서 박사 학위를 취득했다. 현재 인민대학교 법학원 교수이며 주요 연구 영역은 헌법학이다. 金昌俊은 1987년 길림대학에서 법률학학사 학위 취득, 이후 전북대학교에서 법학 석사와 박사 학위를 취득했다. 현재 연변대학교 법학원 교수로 재직 중이며 주요 연구 방향은 중국형법학, 비교형법학이다.

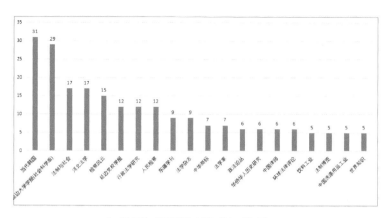

〈그림 34〉 법률행정 분야 학술지별 분포도

<그림 34> 법률행정 분야 학술지별 분포도는 법률행정 분야에서 한국학 관련 논문이 발표된 상위 20개 학술지의 분포도이다. 가장 많은 논문이 발표된 학술지는 当代韩国으로 31편의 논문이 발표됐으며 延边大学学报에서 29편의 논문이, 法制与社会와 河北法学에서 각각 17편의 논문이 발표됐다. 延边大学学报는 연변대학교에서 중국 사회과학, 교육종합을 목표로 1958년 창간된 이래에 4,801편의 문헌을 출판했으며 매 짝수 달마다 발행되고 있다. 法制与社会는 운남성 인민해설 위원회에서 사회과학과 정치군사법률종합을 목표로 1992년 창간된 이래에 총 77,435편의 문헌을 출판했다. 河北法学은 하북정법직업학원, 하북성법학회에서 사회과학과 정치군사법률종합을 목표로 1983년에 창간했으며 현재까지 총 8,505편의 학술논문을 발간했고 월간 단위로 발간되고 있다.

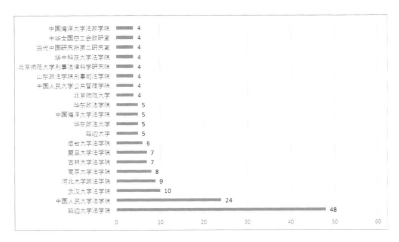

〈그림 35〉 법률행정 분야 소속기관별 분포도

<그림 35> 법률행정 분야 소속기관별 분포도는 법률행정 분야에서 한국학을 연구하는 전문가들이 소속된 기관이다. 延边大学法学院이 48명으로 가장 많은 연구원을 확보하고 있으며 中国人民大学法学院이 24명, 武汉大学法学院 10명, 河北大学法学院이 9명을 보유하고 있다.

제5장

대만의 한국 정치·외교 지식지형도

제1절 대만의 한국학 연구 동향

본 연구진은 대만의 학술지 논문 검색 시스템(Perio Path Index to Taiwan Periodical Literature System)에 수록된 문헌을 통해 대만에서 진행된 한국학 연구 문헌들을 조사했다. 대만의 학술지 논문 검색 시스템은 모든 학문 분야에 종사하는 연구자들이 연구 결과를 발표한 연구 논문을 지속해서 업데이트하고 연구에 필요한 자료를 공유하는 것을 목표로 만들어진 시스템으로 중국의 CNKI나 한국의 학술연구정보서비스(RISS)와 같은 기능을 수행하고 있다. 시스템에 한국 관련 키워드를 검색한 결과 총 4,303편의 한국 관련 연구 문헌이 수록된 것을 확인할 수 있었다. 검색 당시 한국 연구와 관련해 등장한 최초의 문헌은 1950년 8월 黎元譽가 『實踐』에 발표한 「韓國戰爭爆發後之國際形勢」이고 마지막 문헌은 2008년 12월 張世賢이 『科際整合月刊』에 발표한 「韓國瑜如何翻轉高雄: 複雜性科學觀點」으로 파악됐다. 동일한 학술지 논문 검색 시스템을 사용해 김윤태는 대만에서의 한국학 연구의 일반적인 경향을 분석한 연구 결과를 발표했는데 그 결과는 아래 <그림 36>과 같다(김윤태, 2020). 김윤태의 연구가 대만에서 진행된 한국학 관련 연구에 대한 전반적인 내용에 대한 개략적인 소개에 멈추고 있는 것과 달리 이 장에서는 같은 기간 대만에서 수행된 한국 정치외교 분야에 관한 연구문헌만을 분석해 이 분야의 구체적인 지식지형도를 작성하는 것을 목표로 하고 있다.

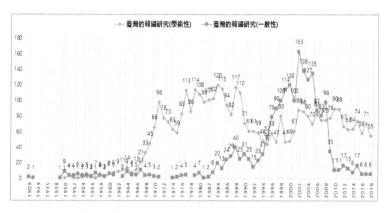

〈그림 36〉 대만지역의 한국학 관련 논문 연도별 분포도

<그림 36>은 대만의 한국 관련 연구가 1950년대부터 1990년대 초까지 양적으로 꾸준히 증가하고 있음을 보여준다. 하지만 대만에서의 한국학 연구는 1992년 한국과 중국의 국교 정상화를 계기로 커다란 전환을 맞이하게 된다. 다른 국가와의 수교 시 대만과의 단교를 요구하는 중국의 외교 원칙을 수용해 한국은 대만과 국교를 단절했는데 이 정치적 사건은 대만의 한국학 연구 증가 추세에 찬물을 끼얹는 부정적인 요소로 작용한다. 그림에서 알 수 있는 것처

럼 1980년대에 정점을 찍었던 대만의 한국 연구는 한중수교 이후 급격히 감소하기 시작한다. 그 결과 1990년대에서 2010년대에 이르는 30여 년의 기간 동안 매 10년을 기준으로 한국 관련 연구 문헌의 발표량이 1970년 발표된 문헌의 양을 밑도는 것으로 파악됐다. 구체적으로 필자의 분석에 따르면 한국 관련 연구 문헌은 1970년대에 총 825편이었는데 1980년대에 총 1,045편으로 크게 증가했다. 하지만 1990년대에 총 570편으로 감소한 이후 2000년대 총 743편, 2010년대 총 631편을 기록하며 1970년대 발표된 문헌 수에 이르지 못하는 경향을 보이고 있다.

이와 같은 흐름은 대만에서의 한국 정치외교 분야에서 유사한 모습을 보이고 있다. 1950년대 발표된 한국학 연구 문헌 총 23편 중 정치외교 분야는 11편을 차지하고 있다. 이후 1960년대에는 총 165편의 한국 연구 문헌 중 정치외교 분야가 71편, 1970년대에는 총 825편 중 275편, 1980년대에는 총 1,045편 중 239편으로 급격히 증가하는 모습을 보이고 있다. 하지만 1990년대에는 한국 관련 연구 문헌 총 570편 중 146편, 2000년대에는 총 743편 중 110편, 2010년대에는 총 631편 중 142편을 차지하며 정치외교 분야에 대한 발표 논문이 감소하는 흐름을 나타내고 있다.

대만에서의 한국학 연구 동향과 그 일부인 정치외교 분야에서 발견되는 동일한 흐름은 본 연구가 중화권의 한국학 연구 동향을 설명하기 위해 고안한 고원형 S곡선모델의 효용성을 입증하고 있다. 중국에서의 한국 정치외교 분야에 대한 연구는 한중수교 이후 연구가 급격히 팽창했지만 일정한 시간이 흐른 후에도 집단적 지식수준에서 정체된 모습을 보이고 있다. S형 곡선모델은 새로운 지식이 외부에서 유입된 이후 집단적 지식의 단계를 넘어 사회적 지식으로 확산되면서 하나의 독립된 지식체계로 정립되는 과정을 설명하고 있다. 하지만 중국에서는 정치적인 이유로 인해 중국 정부가 외교정책을 수립하기 위해 필요한 부분에 대한 연구만이 진행되면서 학문적 지식체계로서 한국 정치외교에 대한 연구가 근본적으로 제약받고 있는 상황이다.

대만에서의 한국 정치외교에 대한 연구도 연구자와 연구 문헌의 수가 확장되지 못하면서 S형곡선모델을 통해 지식의 전파 과정을 설명하는 데 한계가 있음을 보여주고 있다. 대만의 경우도 한중수교 이전까지 급격히 늘어나던 한국 정치외교에 대한 연구가 한중수교라는 국제정치에 영향을 받았다는 점에서 정치적 환경과 지식의 확산이 분리될 수 없음을 보여주는 또 하나의 사례라고 할 수 있다. 정치체제 측면에서 대만은 자유로운 학문의 탐구를 보장하는 자유민주주의 국가이지만 중국과의 정치적 관계가 한국 정치외교에 대한 연구 관심을 급속히 감소시키는 역할을 수행했다는 점에서 학문적으로 더 흥미롭다고 할 수 있다. 중국과 대만에서 공통적으로 발견되는 현상은 고원형 S곡선모델이 중국과 같은 비민주적 권위주의 국가뿐만 아니라 대만과 같은 자유민주주의 국가에서의 학문 전파과정을 분석하는 도구로도 유용하게 활용될 수 있다는 점에서 모델의 적합성을 입증하는 중요한 사례라고 할 수 있다.

중국과 대만이 고원형 S곡선모델의 적합성을 입증함에도 불구하고 두 국가에서 나타나는 한국 정치외교에 대한 경향에는 커다란 차이가 있다. 아래에서는 대만의 시기별로 연구 문헌에 등장하는 키워드 분포 분석을 통해 각 시기별 연구 동향과 특징을 설명하고자 한다.

제2절 키워드 분석을 통해 본 정치외교 지식지형도

2-1. 1950년대 정치외교 연구 동향

1950년대 대만에서 수행된 한국 정치외교 분야에 관한 연구 문헌은 총 11편이다. 이들 논문은 각기 다른 저자에 의해 『新思潮』, 『國際貿易月刊』, 『土地改革』, 『憲政論壇』 등 모두 상이한 학술지에서 발표된 것으로 조사됐다. 이 중 최초로 발표된 논문은 黎元譽에 의해 『實踐』이라는 학술지에서 1950년 8월 19일에 출간된 "韓國戰爭爆發後之國際形勢"이다. 이 연구 결과는 대만의 정치외교 분야에서 발표된 첫 논문일 뿐만 아니라 대만에서 실행된 모든 한국학 연구 중에서도 최초로 발표된 논문으로 대만의 한국학 연구 역사에서 지니는 의미가 특별하다고 할 수 있다. 연구의 주된 내용은 한국전쟁 이후 변동하는 국제 정세를 논의하고 있다.

이 시기에 발표된 한국전쟁 관련 논문은 총 3편이지만 연구 주제는 한국전쟁과 국제정세, 한국전쟁 당시 한국 철도 현황, 한국전쟁과 극동지역 경제로 각기 다른 주제를 다루고 있다. 이는 1950년대 국제정치 상황에서 대만이 마주하고 있는 대외적 상황이 한국과 유사한 특성을 공유하고 있었음에도 대만 정치학자들의 한국 연구가 전쟁과 이데올로기라는 냉전적 사고에만 몰입돼 있지 않았음을 보여주는 것이다. 유사한 국제정치적 접근을 활용한 주제로 한국의 지정학적 위치가 국제정세에서 차지하는 역할을 토론하는 내용의 논문이 한 편 있다.

한국전쟁 외에 복수의 연구 성과를 낸 주제로는 한국의 독립과 한국 헌법을 다루는 내용이다. 한국의 독립과 관련된 주제를 포함하는 논문 중 한 편은 민족주의적 시각에서 한국의 독립을 논의하고 있고 다른 한 편은 독립된 한국이 국제정세에서 차지하는 위상을 소개하고 있다. 한국 헌법과 연관된 두 편의 연구는 모두 한국 헌법의 기원과 내용에 대한 분석을 시도하고 있다. 이 밖에 한국의 농지개혁, 한국의 산업과 상업, 한국의 관세제도를 연구한 논문이 각기 한 편씩 전해지고 있다.

조사 결과 이 시기에 발표된 11편의 문헌 중 7편이 연구 주제와 내용을 파악하는 데 도움을 주는 키워드를 적시하지 않은 것으로 밝혀졌다. 이는 당시 대만의 학계가 키워드의 중요성이 지니고 있는 개념에 대해 정확하게 인식하고 있지 못했거나 키워드를 표시하지 않는 것에 대한 이해가 널리 형성돼 있었으리라는 것을 추정하게 하는 대목이다. 키워드를 명시하고 있는 문헌에서 발견되는 핵심 키워드는 한국이 3개로 가장 많고 그 외 한국전쟁, 한국경제, 원동경제, 한국철로, 토지개혁, 지리 등이 각각 1개씩 등장하고 있다.

2-2. 1960년대 정치외교 연구 동향

1960년대에도 모든 문헌이 키워드를 표기하고 있지는 않다. 총 71편의 문헌 중 46개의 문헌만이 키워드를 표시하고 있다. 키워드를 표기한 문헌도 1개와 2개만을 적시한 것이 대부분이고 가장 많은 키워드를 표시한 문헌은 3개까지 표시했다. 빈도수가 가장 높은 키워드는 한국(대한민국, 남한 포함)으로 총 31회 등장하고 있다. 다음으로 많이 등장하는 키워드는 경제로 모두 6차례 표시되고 있으며 경제와 상관성을 가지는 경제계획, 발전계획, 장기경제발전계획, 경제건설, 남한 신경제가 각각 1회씩 등장하고 있다. 이는 1960년대 대만에서 한국의 정치외교 분야를 연구하는 학자들의 주된 관심사가 한국 정부가 추진하는 경제발전에서 국가와 정부가 수행하는 역할을 이해하는 데 있음을 추정케 하는 대목이다. 한국과 대만이 1960년대 들어 권위주의 정부의 주도하에 유사한 형태의 발전국가를 지향했다는 점, 두 나라의 정치지도자인 박정희와 장개석이 반공을 국시로 권위주의 독재정치를 유지했다는 점, 국제적으로 냉전체제가 굳어진 상황에서 공산주의의 위협에 직면하고 있고 이 과정에서 신속한 경제발전을 이룰 수 있는 방안을 모색했다는 점 등이 대만학자들로 하여금 한국과 대만의 비교연구에 관심을 가지게 했음을 알 수 있다.

한국과 경제 다음으로 눈에 띄는 키워드는 한국의 농업과 관련된 것으로 농지개혁과 농업합작사업이 각각 2회, 농업문제와 농업건설이 각기 1회씩 등장하고 있다. 이는 박정희 정부가 집권 이후 시도한 농지개혁과 농촌발전 전략에 대만학자들의 관심이 높았음을 추측하게 하는 부분이다. 정치 분야의 키워드로는 군사쿠데타를 의미하는 정변과 이에 따른 정치 상황을 암시하는 정국이라는 키워드가 3회씩 따로 나타나고 있는데 이는 군사쿠데타를 통해 집권한 한국 정부와 정치에 대한 관심을 반영하는 것으로 보인다. 그 밖에 한국의 월남참전 연구를 시사하는 월남이라는 키워드가 2회 표기돼 있다. 흥미로운 것은 1960년대에 한국 사회 제도에 대한 대만학자들의 관심이 높았다는 점이다. 예를 들어, 교정제도, 감사제도, 도서관이 각각 두 차례 표기됐으며 도서관과 관련된 도서관법도 2회 등장하고 있다. 이는 한국이 아직 발전하지 않은 시기에도 대만학자들이 지리적으로 같은 동아시아에 위치하고 있으면서 비슷한 정치, 경제, 사회, 문화 상황을 공유하고 있는 한국의 제도를 연구하는 것을 통해 일정한 교훈을 얻으려 했음을 알려주는 대목이다. 이 밖에 정당, 정정, 헌법, 수정헌법, 육군, 가족제도, 조달, 재정 등의 키워드가 각각 하나씩 등장하는데 이 또한 당시 한국의 정치와 사회 상황과 연관된 용어로 1960년대 대만 정치외교 분야 연구자들의 학문적 관심이 한국의 당면 현실에 집중돼 있음을 보여주는 것이다.

丁道源은 "대한민국 교정제도"라는 논문을 『法律評論』이라는 학술지에 1961년 7월과 8월 연속으로 2편 발표했고 "한국형법제도개술"에 관한 연구 결과를 『法學叢刊』이라는 학술지에 1962년 발표하는 등 한국 형법과 교정제도에 관련된 논문을 총 3편 발표했다.

朱少先은 대만의 한국 정치 분야 연구 1세대에 속하는 학자로 1960년대 한국 연구를 주도했던 대표적인 학자이다. 朱少先은 그 당시 한국 정치와 관련해 총 7편의 논문을 발표했다. "한국 정국 현황과 미래", "윤보선 사임 이후 내각 개편까지", "한국 정치 정국 분석", "한국의 정치 위기", "한국 신한당 창당 원인과 결과", "한국 신방위체제 건립"의 논문을 『問題與研究』에 5편 발표했고 이후 "한국 헌법 연구"와 "한국 수정 헌법 이후의 정국 동향"이라는 연구 결과를 『東亞季刊』과 『新時代』에 각각 1편씩 발표했다. 또한 蘇振平으로 한국 감사제도와 관련된 연구물인 "대한민국 감사 소개"를 1968년 11월과 12월에 『現代審計』에 연속으로 출판했다. 위에 언급된 학자들 이외에도 한국의 경제정책 수립과 경제 분석에 관한 주제를 연구한 학자들이 주로 연구 결과를 발표하는 통로로 사용했던 학술지는 『華僑經濟參考資料』로 총 11편의 글이 수록된 것으로 조사됐다. 이 외에 한국 헌법과 법률에 관련된 논문이 『憲法論壇』에 2편 발표됐고 朱少先 외에 다른 학자들이 한국 정치와 관련된 주제의 연구 결과를 『問題與研究』에 2편 발표한 것으로 보아 이 학술지가 한국 정치 분야 연구를 토론하는 주요 학술지임을 다시 한번 확인할 수 있었다.

2-3. 1970년대 정치외교 연구 동향

1970년대 대만에서 한국 정치외교 분야와 관련해 발표된 연구는 전체 275편으로 이전까지 발표된 합계 82편의 연구 결과와 비교했을 때 한국에 대한 연구의 양이 비약적으로 증가한 모습을 보이고 있다. 이는 키워드의 수와 양의 변화에서도 확인되는 것으로 이 기간 동안 한국 정치외교에 대한 연구가 질적으로 크게 도약했음을 의미한다. 이 시기에 등장한 키워드의 분포는 <그림 37>에 요약돼 있다.

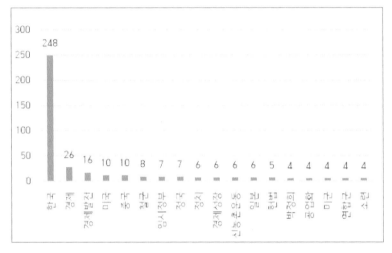

〈그림 37〉 1970년대 정치외교 분야 상위 키워드 분포도

이 시기에 가장 많이 등장한 키워드인 한국은 도합 248개이다. 이 숫자는 한국뿐만 아니라 대한민국과 남한이라는 키워드를 합친 것으로 한 논문에서 한국, 남한, 대한민국을 키워드로 동시에 병행했기에 전체 연구 문헌의 수보다 한국이라는 키워드가 많이 나타난 것으로 집계됐다. 한국 다음으로 많은 횟수를 차지하는 키워드는 경제 관련 부문이다. 경제라는 키워드가 총 26개, 경제발전이 16개로 2위와 3위에 표시됐을 뿐만 아니라 비슷한 의미로 해석되는 경제성

장이 6회, 공업화가 4회 등장하고 있다. 상위권에 위치하고 있는 경제관련 키워드를 합치면 모두 52회에 이르는데 이를 통해 대만 정치외교 분야 학자들이 한국의 가파른 경제발전에 지대한 관심을 표시했음을 알 수 있다. 필자는 키워드와 논문 요약을 정독한 이후 경제 관련 문헌 중 일부를 정치외교 분야로 포함했는데 이는 상기의 문헌들이 단순히 경제 관련 이슈에만 집중하지 않고 한국의 경제성장과 정부의 역할을 함께 논의하고 있어서다. 그 결과 앞에서 언급된 경제 관련 키워드 외에도 경제발전계획, 경제계획, 오년계획, 공업발전, 산업발전과 같은 유사한 키워드들이 다수 발견됐음을 확인할 수 있었다. 이처럼 키워드에서 발견된 경제 관련 용어들은 당시 한국과 대만이 동아시아 경제발전 모델의 원형으로 지목되면서 해외 학계의 관심이 크게 증가한 것과 관련됐다고 할 수 있다.

경제 다음으로 많이 등장한 키워드는 미국과 중국으로 각각 10회씩 등장하고 있다. 상위권에 속하지 않은 다양한 관련 키워드를 분석한 결과 미국은 한국 경제성장과 안보에서 차지하는 역할이 주된 논의의 대상이 됐음을 알 수 있었다. 경제성장과 관련해서는 대외무역, 수출, 수입, 무역외교, 무역발전, 수출무역 등의 키워드들이 함께 검색됐고 안보와 관련해서는 등장 횟수 8회와 4회로 각각 상위권에 위치한 철군과 미군, 연합국이라는 키워드와 함께 검색됐음을 확인할 수 있었다.

경제, 안보 관련 키워드의 뒤를 이어 임시정부, 정국이 각각 7회, 정치, 신농촌운동, 일본이 각각 6회, 헌법 5회, 박정희, 소련이 각각

4회 나타나고 있다. 이 중 정국, 정치, 헌법, 박정희는 상호 연결성
이 높게 나타났는데 이는 군사쿠데타로 집권한 박정희로 인한 정국
불안정과 박정희가 주도하는 경제발전 전략과 관련된 것으로 파악
됐다. 임시정부 키워드는 각각 2회씩 등장한 민족주의 광복군 등의
키워드와 연결돼 당시 일부 대만 학자들이 한국의 독립운동에 대한
연구를 진행했음을 알려주는 대목이다. 흥미로운 사실은 1960년대
와 마찬가지로 대만 학자들이 한국 농촌사회와 농업에 높은 관심을
표명하고 있다는 점이다. 1970년 한국 농촌에 대한 대만 학자들의
주된 관심은 신농촌운동과 관련돼 있었고 이는 신농촌운동과 연결
된 키워드로 농업금융제도, 농지개혁, 개발, 발전이라는 용어가 함
께 등장함을 통해서 확인할 수 있었다.

이전 시기와 마찬가지로 1970년대에도 대만의 학자들은 한국의
다양한 제도에 대해 꾸준한 관심을 표명했다. 구체적으로 한국의
세제, 세제개혁방안, 인사제도, 연금제도, 통계제도, 경찰제도, 고시
제도, 공무원 등의 키워드가 1-2회씩 등장하고 있다. 특히 경찰제도
가 3회, 국립중앙도서관을 비롯해 도서관과 관련된 다양한 키워드
가 1-2회씩 등장하는 것을 보아 한국의 경찰제도와 도서관 관련 입
법 상황에 대한 관심이 높았음을 알 수 있다. 또한 5회 등장하는
헌법 외에도 수정 헌법, 은행법, 열관리법, 기업공개법, 국가배상법,
한국해관법 등 법률 관련 키워드가 다양하게 등장하는데 이는 제도
와 함께 제도를 설립하거나 수정할 수 있는 법률제도의 도입에 깊
은 관심이 있었던 것으로 추론된다. 상위권에 위치하고 있지는 않
지만 위와 같은 다양한 키워드 등장을 통해 대만 학자들이 한국의

고도성장과 이를 가능하게 했던 법률적, 제도적 요인을 파악하기 위한 노력에 많은 시간을 할애했음을 짐작할 수 있다.

2-4. 1980년대 정치외교 연구 동향

1980년대는 대만의 한국 정치외교 분야가 가장 정점에 도달한 시기이다. 비록 1970년데 발표된 275편의 문헌에 비해 발표된 논문의 수는 239편으로 약간 감소했지만 연구 주제, 연구 범위, 연구 내용을 살펴볼 때 연구의 질이 한층 높아졌음을 알 수 있다. 이는 대만에서 한국 정치외교를 연구하는 학자들의 수가 증가하면서 연구 주제가 다양화되고 연구 방법도 고양됐기에 가능했던 결과로 평가된다. 이 같은 결과는 <그림 38>이 보여주는 것처럼 상위권에 자리 잡은 키워드가 다양해졌고 빈번한 출현을 보이는 키워드의 등장 횟수도 이전에 비해 상대적으로 증가했음을 통해서 확인할 수 있다.

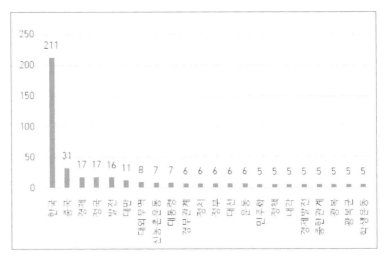

〈그림 38〉 1980년대 정치외교 분야 상위 키워드 분포도

<그림 38> 1980년대 정치외교 분야 상위 키워드 분포도

이 당시 가장 많이 언급된 키워드는 역시 한국으로 합계 211회
를 기록했다. 하지만 1980년대 키워드에서 나타나는 가장 두드러진
특징은 1960년대와 1970년대 한국 다음으로 높은 분포도를 나타냈
던 경제 관련 키워드의 뚜렷한 감소이다. 1980년대에 두 번째로 높
은 빈도를 드러내는 키워드는 중국으로 총 31회 등장했다. 이후 경
제와 정국이 17회, 발전이 16회 출현했으며 그 뒤를 이어 대만 11
회, 대외무역 8회, 신농촌과 대통령이 각각 7회, 경무관계가 6회 나
타났다. 다음으로 국내정치 상황을 반영하는 정치, 정부, 대선이 각
각 6회 표기되면서 대만 학자들의 관심이 경제와 발전이라는 주제
에서 한국의 국내정치 변동으로 이동하고 있음을 보여주고 있다.

이런 추세는 이전까지 보이지 않았던 운동, 민주화, 학생운동 같은 새로운 키워드가 상위권에 진출한 것에서 입증될 수 있다. 이와 같은 키워드 분포의 변화는 이전 시기까지 대만 학자들의 주된 관심이었던 권위주의 정부가 이끄는 국가발전 모델의 억압과 모순에 대한 정치적 저항이 급속히 확산되면서 민주화에 대한 요구가 증가한 것과 밀접한 관련이 있다. 민주화 운동과 관련된 키워드의 증가는 바로 앞 순위를 차지하는 정치 관련 키워드의 증가에서도 확인된다. 앞 시기까지 정치 관련 키워드는 출현 빈도가 높지 않았으나 1980년대에는 정치 관련 키워드의 등장 횟수가 현저히 높아졌는데 이는 또 다른 정치 관련 키워드인 내각이 5회 표기된 것에서도 확인되는 부분이다. 한국 사회의 정치 변동과 관련된 학문적 관심은 민주헌정, 노공운동, 노자쟁의, 광주폭난, 사회발전, 기층건설, 통일, 인권, 개혁, 평화, 국민혁명, 자율화, 사구발전, 집회, 혁명 같은 키워드들이 최소 1회에서 4회까지 잦은 빈도로 출현하는 것을 통해서도 재확인된다. 1970년대까지 출판된 한국 정치외교 분야에서 존재하지 않았던 키워드의 갑작스러운 분출은 대만의 학자들이 한국의 민주화를 대만의 정치 상황을 예측하는 하나의 지렛대로 삼았음을 추측하게 하는 대목이다.

　1980년대 키워드의 또 다른 변화는 대만이라는 키워드가 독자적으로 11회 출현했다는 점이다. 이전까지 대만 키워드는 중국이라는 키워드에서 대륙에 위치한 중국 정부와 함께 혼재되어 나타나는 경향이 있었다. 연구 문헌을 확인한 결과 중국이라는 키워드는 때로는 중공을 나타내는 표현과 등치되는 경우와 대만을 상징하는 경우가 있었다. 하지만 1980년 키워드 분포도에서 나타나는 변화는 대만 학자들이 대만이라는 표현을 공식적인 학술 용어로 사용하기 시작했음을 의미하는 것이다. 이런 특성은 중한관계라는 키워드가 5회를 차지하면서 상위권에 진입한 것에서도 확인되는데 이는 대만의 학자들이 한국과 중국의 관계를 동아시아 국제정세에서 독자적인 요소로 간주하기 시작한 것으로 해석되는 부분이다.

이 밖에도 이 시기의 문헌에서는 한국의 헌법과 관련된 키워드 중 수헌과 신헌이 각기 4회와 3회 출현할 뿐만 아니라 임금기준법, 노동기준법, 시위법, 집회예방법, 신공업재산법, 국가배상법, 영업세법, 가치세법, 소득세법, 국민은행법, 토지법, 국가안전법, 정당법, 형사소송법, 국제법 등 다양한 법률 용어가 각기 수회씩 출현하면서 대만 연구가들이 정치와 경제 영역뿐만 아니라 역동적으로 변화하는 한국 사회의 다양한 주제에 높은 관심을 표명하는 모습을 간접적으로 보여주고 있다.

이 시기에는 한국의 각종 제도에 대한 관심도 크게 증가해 제도, 사회복리제도, 인사제도, 관세제도, 사법제도, 노자행위처리제도, 세무행정, 조세, 비관세, 세제, 공무원제도, 퇴휴연금, 노공행정, 정부기관, 경찰, 변호인, 옥정, 교화, 직업훈련, 사범교육, 공민교육, 도서관법 등의 키워드가 폭넓게 등장하는 모습을 보이고 있다. 또한 지하금융, 다중범죄 등 한국 사회의 어두운 모습을 보여주는 키워드도 등장하는데 이전에 찾아볼 수 없었던 이와 같은 키워드의 등장은 한국 사회 곳곳을 연구의 대상으로 삼는 학자들이 생겨나고 있음을 방증하는 것이다.

키워드 분석을 통해 한국을 둘러싼 국제정세에 천착하는 학자들이 한국 정치외교 영역에 진출하고 있다는 점도 1980년대에 출현한 고무적인 현상이라고 할 수 있다. 이는 외교, 국제, 미국, 일본, 중국 같은 전통적인 키워드 외에도 남북한, 동북아, 아주, 한반도, 카터, 원조, 이란, 중동 등 다양한 국가와의 관계를 통해 한국의 외교 관계에 천착하는 학자들이 출현하고 있음을 시사하는 것이다.

1970대까지 단골로 출현했던 신농촌운동은 6회로 여전히 높은 빈도수를 보이고 있다. 이와 관련된 키워드군은 토지개혁, 농촌, 농가, 농업, 농업합작사, 농지개량 등인데 이는 고도성장의 결과로 표출된 정치 변화에 대한 한국 사회의 욕구에 대한 관심 속에서도 한국 사회 발전의 원동력으로 작용한 신농촌운동에 대한 대만 학자들의 관심이 여전히 식지 않고 있음을 보여주는 것이다.

2-5. 1990년대 정치외교 연구 동향

1980년대에 급격히 발전한 대만에서의 한국 정치외교 분야에 대한 연구는 이후 질적, 양적인 측면에서 더 높은 도약을 이룰 것으로 기대됐다. 하지만 이런 기대는 1992년 예상치 못한 상황에서 찾아온 한중수교라는 정치적 파장에 의해 오히려 관련 분야 연구가 움츠러드는 예기치 못한 결과에 직면한다. 이런 상황은 1990년대 발표된 한국 정치외교 관련 연구 문헌이 총 146편으로 직전 시기보다 거의 100여 편 축소된 것에서 잘 드러난다. 하지만 이 시기

한국 정치외교 분야에 대한 연구는 또 다른 측면에서 1980년대와 다른 진전을 이루었음을 확인할 수 있다. 1970년대 대만의 연구자들이 한국이 이룩한 국가발전에 집중했고, 1980년대에 한국 사회의 민주화에 주목했다면, 1990년대는 한국이 달성한 고도성장의 배경으로 거론됐던 국가주도 발전 전략의 내부 모순으로 폭발한 경제 위기로 관심의 초점이 이동했음을 보여준다.

<그림 39>에서 알려주듯 이 시기 가장 많이 언급된 키워드는 이전 시대와 마찬가지인 한국으로 총 124회 표기됐다. 두 번째로 많이 출현한 키워드는 13회를 기록한 대만으로 이는 대만이라는 주제어가 학자들 사이에서 확고히 자리 잡았음을 상징적으로 드러내는 것이다. 하지만 세 번째로 높은 빈도수를 보이는 키워드는 이전과 전혀 다른 모습을 보이고 있다. 세 번째의 키워드는 1997년 발생한 한국의 금융위기를 상징하는 금융풍폭으로 모두 12회에 걸쳐 언급됐다. 이는 대만 연구자들이 한국의 경제 정책 실패와 그 원인에 뜨거운 관심을 표명하고 있음을 보여주는 것인데 이렇게 변화한 상황은 정부 주도의 성장전략을 압축적으로 표현한 정부간예라는 키워드가 4회로 상위권에 진입한 것에서 재차 확인되고 있다.

아울러 정책이라는 키워드가 6회, 경제라는 키워드도 4회 등장하는데 이때 사용된 정책과 경제는 이전 시기에 주로 언급됐던 경제 발전 전략과의 연계성과 다른 의미에서 사용됐음에 주목할 필요가 있다. 이는 상기된 키워드와 동시에 출현하는 키워드가 국제화폐기금, 국가경쟁력, 독점지배, 시장실패, 정부실패, 관리시장, 관변금융,

금융자유화처럼 이전 시대의 연구에서 찾아볼 수 없었던 키워드와 혼용되고 있음을 통해서 확인된다. 이는 대만 학자들이 한국의 금융위기를 초래했던 근본적인 원인이 국가 주도의 성장 전략에 안주했던 한국이 변화하는 국제 자본시장에 적응하지 못한 결과 시장실패와 정부실패로 귀결됐다는 맥락에서 한국의 경제위기에 접근하고 있음을 보여주는 것이다. 이런 경향은 1970년대 정점을 이루고 1980년대까지 간간이 등장했던 오년계획, 신경제계획, 공업화 등의 키워드가 극히 소수로 전락한 것에서도 증명된다.

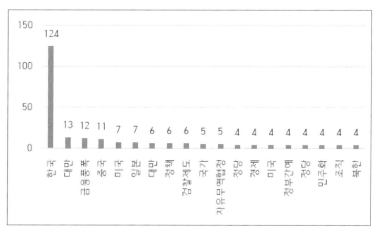

〈그림 39〉 1990년대 정치외교 분야 상위 키워드 분포도

다음으로 자주 등장하는 키워드는 중국, 미국, 일본인데 이들 키워드는 한국의 경제 위기 발생 이후 국제화폐기금을 둘러싼 역할, 한국이 공산주의 국가들을 대상으로 추구한 북방외교와 맞물려 복합적이고 상호 연계된 상황에서 사용된 것으로 파악됐다. 이는 비

록 상위권 키워드에는 이름을 올리지 못했지만 외교정책, 외교관계, 북방정책, 북방외교가 함께 도합 10회 등장하고 대륙정책 같은 키워드가 간헐적으로 이용된 것을 통해 합리적으로 추정할 수 있는 부분이다.

또 다른 그룹의 키워드는 키워드 분포도에서 4회로 상위권에 든 민주화를 중심으로 형성된 키워드 연결망이다. 민주화라는 주제어는 비록 공통 단어로 언급된 빈도수는 적지만 만주정치, 사회운동, 노공운동, 노자관계, 단체협상, 신문자유, 자유화, 경제사회발전, 국민복리, 사회정의, 비정부단체, 남한노공, 여성주의와 같은 키워드와 혼용되어 출현하고 있다. 이는 1980년에 형성된 한국 민주화를 연구하는 대만의 학자들이 1990년대에도 여전히 그 관심을 이어가고 있음을 보여주는 것이다.

시대를 초월해 대만의 연구자들이 관심을 가지는 한국 제도에 대한 연구는 1990년대에도 지속되고 있지만 연구 주제는 점점 다원화되는 추세를 보여주고 있다. 한국 제도에 대한 대만의 연구자들의 관심은 매 시기 다르게 나타나는데 1990년대에는 검찰제도, 통일원, 경제기획원, 선거구와 비례대표제도, 병역제도, 국민연금제도, 발전성국가기관, 한국문화진흥원, 국가예술문화기금, 고시선발, 공무원, 훈련원, 소방기관, 행정기관, 행정효율, 행정조직, 인사제도, 경찰청, 형사경찰, 경찰대학, 대학교육 문화행정, 문화체육부, 공군관교 등 연구와 관심의 대상이 더욱 광범위해지는 양상을 띠고 있다. 특히 이 시기에는 문화에 대한 강조와 함께 검찰제도, 경찰개혁, 중립화라는 키워드의 빈도수가 각각 3회로 나타났는데 이를 다른 키워드와의 연결망에서 파악했을 때 대만 학자들이 한국의 문화와 권력 기관인 검찰과 경찰의 개혁에 관심을 표하는 것으로 이해될 수 있다. 이처럼 대만 학자들이 한국의 각종 제도에 대한 관심의 표명은 시대의 변화에 따라 한국 사회에서 표출되는 다양한 요구를 그대로 반영하고 있음을 알게 하는 대목으로 이는 2000년대 등장하는 키워드 분석을 통해서 명확히 드러난다.

2-6. 2000년대 정치외교 연구 동향

2000년대 대만의 한국 정치외교 분야 연구는 이전 시기에 비해 약 25% 감소된 110편의 논문이 출간됐다. 이는 연구의 질적 팽창이 확연했던 1980년대와 비교했을 때 문헌 수가 약 130여 편 줄어든 것이고 연구의 양에서 최고치에 달했던 1970년대에 비하면 약 160여 편이 축소된 것이다. 양적인 측면에서 연구 문헌의 감소는 연구 주제의 다양성과 연구의 폭과 깊이를 확장시킨다는 측면에서 실망스러운 결과로 이어지는 듯한 모습을 보이고 있다.

이 시기 가장 많이 언급된 키워드는 한국으로 총 95회 출현했다. 이는 한국이라는 단어가 모든 연구 문헌의 핵심 키워드로 등장한다는 것을 감안할 때 1970년대와 1980년대의 절반에도 이르지 못하는 것으로 정치외교 분야에서 보이는 연구의 감소 추세를 여실히 보여주는 것이다. 한국 다음으로 빈도수가 높은 키워드는 아주금융풍폭과 김대중으로 이는 대만의 학자들이 금융위기를 겪은 한국이 김대중 대통령의 리더십 아래 경제위기를 회복하는 과정에 주목하고 있음을 반영한 결과이다. 이는 키워드 분포에서 4회의 횟수로 각각 3위를 차지하는 용어가 대선, 선거, 국제화폐기금임을 통해서 입증된다. 실제로 여섯 개의 키워드가 긴밀한 연결성을 가진다는 측면에서 2000년대 한국 정치외교를 연구하는 대만 학자들의 주된 관심은 금융위기 극복이었던 것으로 파악된다. 이는 당시의 금융위기를 대표하는 국가가 한국이었지만 당시의 위기가 동아시아 신흥 개발국 모두에 심대한 경제적 영향을 미쳤다는 점에서 한국의 위기 발발과 극복 과정을 동아시아 금융위기를 설명하는 중요한 사례로 간주하고 있음을 짐작하게 하는 것이다. 같은 연유로 정치 분야의 키워드 연결망에서도 이전까지 보이지 않던 생소한 키워드가 출현 했는데 정치문화, 유교, 친신주의, 국가창신체계 등을 예로 들 수 있다. 정치 분야에서 등장한 이런 종류의 키워드 또한 한국이 경험한 금융위기와 상호 연관성이 있는 것으로 추정된다.

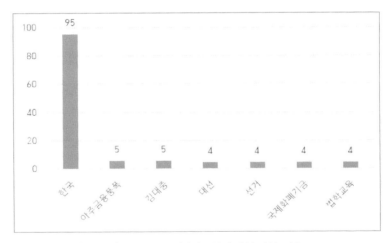

〈그림 40〉 2000년대 정치외교 분야 상위 키워드 분포도

2000년대 키워드 분포도에서 높은 순위를 차지하고 있는 법학교육은 이전까지는 거의 등장하지 않던 키워드인데 해당 키워드의 연결망을 조사했을 때 검찰과 관련된 키워드의 연결성이 두드러지게 나타났다. 대표적으로 검찰제도, 지방검찰청, 특별검찰관, 중앙수사부와 같은 키워드가 하나의 클러스트를 형성하는 모습을 보이는데 이는 대만의 학자들이 한국의 검찰제도에 높은 관심을 가지고 있음을 보여주는 것이다. 특히 1990년대 키워드 분석에서도 검찰제도가 상대적으로 높은 빈도를 차지했던 것을 고려할 때 한국 검찰 시스템에 대한 대만 학계의 관심은 한동안 지속될 것으로 전망된다.

1980년대부터 주요 키워드로 부상했던 민주화와 관련된 어휘들은 2000년대 들어서면서 중심성은 약화됐지만 여전히 주목할 만한 연결성을 지닌 클러스트로 파악됐다. 민주화, 민주주의, 민주, 시민사회, 민주공고, 민주화운동, 정치개혁, 6.29선언, 권위주의 국가, 인권, 농민운동, 사회운동, 보업(언론)개혁, 정치전형, 사회단체, 비정부조직, 농민단체, 제3파민주화, 실업문제, 분단사회, 광주, 국제인권, 양성평등, 여성참정, 노사관계, 노동, 복리 등 오히려 민주화와 관련된 키워드의 종류는 더 다양해지는 양상을 보이고 있다. 특히 눈에 띄는 것은 민주공고, 양성평등, 여성참정, 국제인권 같은 주제어의 등장인데 이는 한국의 민주주의가 확고히 정착하면서 민주화라는 단일 주제를 벗어나 민주화의 정도를 측정할 수 있는 사회의 실질적인 평등 분야로 대만 학자들의 관심이 옮겨 가고 있음을 보여주는 것으로 파악된다. 아울러 이 시기에는 민주주의의 안착과 금융위기의 여파로 과거 한국 발전을 이해하는 핵심 키워드였던 경제성장과 신농촌운동 같은 키워드가 학자들의 관심에서 멀어졌음도 보여주고 있다.

2000년대 대만에서 한국 정치외교 분야 연구가 쇠퇴하는 모습은 같은 시기 중국에서의 한국 정치외교 영역에 대한 연구 양이 급격히 증가하고 있는 모습과 선명한 대비를 이룬다. 중국에서의 한국 정치외교 영역에 관한 연구는 한중수교가 이루어지던 1992년 이전에는 거의 전무한 상황이었다. 두 나라의 국교 정상화 이후에도 동일한 분야에 대한 중국에서의 연구는 외교안보 쪽으로 경도되고 있을 뿐만 아니라 정치제도, 법률행정 부분에 관한 연구도 특정한 주제 위주로 치우치는 모습을 보이고 있다. 대만에서 한국 정치외교 분야에서 뚜렷이 나타나는 연구 문헌의 감소, 키워드 수의 감소, 연구 인력의 정체는 필자가 제기한 고원형 S곡선모델의 유용성과 적실성을 증명하는 분명한 사례라고 주장해도 무리가 없어 보인다.

2-7. 2010년대 정치외교 연구 동향

2008년 12월까지 조사된 2010년대 대만에서의 한국 정치외교 분야 연구 문헌은 총 142편으로 이전 시기보다 다소 증가한 것으로 나타났다. 하지만 <그림 41>이 보여주는 것처럼 이 당시 키워드 분포도상에서 핵심 키워드인 한국의 출현 횟수는 84로 오히려 감소하는 모습을 보이고 있다. 이러한 역행 현상은 연구 주제의 다양화와 관련 있어 보인다. 2010년대 연구 주제는 이전과 크게 달라진 양상을 띠는데 우선 세계화의 진전과 함께 한국이 자유주의 무역질서 깊숙이 편입되는 주제와 관련된 연구가 많이 진행됐다. 이로 인해 핵심 키워드에서 자유주의무역협정, 외국인직접투자처럼 변화하는 국제경제 질서와 관련된 용어들이 새롭게 등장하고 있다. 이를 입증하듯 자유무역협정과 외국인직접투자와 함께 나타나는 키워드가 대부분 구역무역협정(RTA), 아태경제합작조직(APEC), 과태평양전략경제과반협의(TPP), 쌍변투자협정, 신쌍변주의, 세계무역조직, 세계무역협정, 동아경제집체(EAEG), 동북아경제조합, 국제자본, 금융자유화 같이 자유무역을 설명하는 용어들인 것으로 파악됐다.

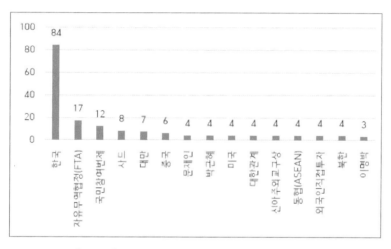

〈그림 41〉 2010년대 정치외교 분야 상위 키워드 분포도

이 시기 키워드 분포를 보여주는 또 다른 특징은 첫 번째 언급된 국제환경과 관련된 것으로 동아시아 국가들 사이에서 논의되는 다자주의를 강조하는 용어들의 빈번한 출현이다. 예를 들어, 신아주

외교구상과 동협(ASEAN)이 각각 4회로 상위권에 분포돼 있으며 이와 연관된 키워드로 동협가N(ASEAN Plus), 싱가포르, 필리핀, 인도 같은 아시아 국가들의 명칭이 함께 등장하고 있다.

세 번째 특성은 한반도의 안보와 관련된 키워드들이 많이 등장하고 있다는 점이다. 우선 북한의 핵과 미사일 위협에 맞서 박근혜 정부가 도입한 사드와 관련된 이슈가 키워드 분포도에서 상위권에 자리 잡고 있다. <그림 41>에서 나타나는 것처럼 사드가 8회, 사드와 관련된 정치 행위자인 중국 6회, 문재인, 박근혜, 미국, 북한이 각각 4회씩 등장하고 있다. 다음으로 천안함 사건, 연평도 포격과 관련된 키워드들이 많이 나타나고 있다는 점이다. 그 결과 이명박 3회를 비롯해 천안함과 연평도 같은 키워드가 클러스트를 형성하고 있다. 이런 현상은 한동안 한국 정치외교 영역에서 주변으로 밀려났던 냉전, 조선반도, 육방회담, 국가안보 등의 키워드들이 하나의 강력한 연결망을 형성하고 있다.

마지막 특징은 주요 키워드로는 표면화되지 않았지만 한국의 법률, 특히 사법제도와 연관된 다양한 키워드들이 속출했다는 점이다. 예를 들어, 번외참여재판, 국민참여번제, 행정번제법, 행정번제, 사법번사, 위헌번사, 인민관번제도, 부번원, 부번제, 참번제, 관번제, 상소번제도, 기소장일본주의, 직업법관, 위헌쟁의, 사법청산, 사법민주화, 사법개혁, 검찰개혁, 무구속력적부번원평결 등의 키워드가 1-3회씩 등장하고 있는데 이는 2000년대 키워드 분포도에서 하나의 연결망을 형성하고 있던 검찰제도에 대만 학자들의 관심이 사법제도에 대한 관심으로 확대되고 있음을 보여주는 것이라고 할 수 있다.

2010년대의 키워드 분포도를 통해 비록 연구 문헌의 수는 감소했지만 대만 학자들의 관심이 한국과 관련된 다양한 주제로 확산되고 있다는 것, 한반도를 둘러싼 국제정세의 불안정으로 전통적인 안보 이슈에 대한 관심이 높아졌다는 점, 그리고 세계화의 흐름을 반영하는 주제에 대한 연구가 양적으로 늘어나고 있다는 평가로 요약될 수 있다.

제3절 대만의 한국 정치외교 분야
주요 연구자

    대만에서 한국 정치외교 분야를 연구한 주요 학자, 즉 한국학을 확산시키는 데 결정적인 역할을 수행한 오피니언 리더들을 시기별로 정리하면 다음과 같다. 우선 1960년대 대만에서 관련 분야의 연구를 주도했던 학자로는 단연히 朱少先을 뽑을 수 있다. 쩡즈대학(政治大學) 국제관계연구센터의 연구원으로 재직했던 朱少先은 1960년대에 7편, 1970년대에 17편, 1980년대에 9편의 논문을 발표해 총 33편의 연구 성과를 남겼다. 당시 한국학 연구의 불모지였던 대만의 상황을 고려한다면 朱少先은 비단 정치외교 분야뿐만 아니라 한국학 연구 전반의 토양을 닦고 씨앗을 뿌리는 선구자적인 역할을 수행한 것으로 평가할 수 있는 인물이다. 필자가 활용한 데이터 분석 시스템에 따르면 朱少先이 한국 정치외교 단일 분야와 관련해 발표한 문헌의 편수는 가장 많은 것으로 남아 있다.

朱少先보다 한 시대 늦은 1970년대에 대만에서 한국 정치외교 분야 연구에 뛰어든 학자로는 林秋山, 劉德海, 胡春惠, 陳國鈞, 唐學斌, 范延傑 등을 거론할 수 있다. 이 중 林秋山, 劉德海, 胡春惠, 陳國鈞은 1970년대에 한국 정치외교 영역에 대한 연구에 뛰어들어 짧게는 30여 년, 길게는 40여 년에 이르는 최근까지 관련 분야에 대한 연구에 전념한 학자들이다. 특히 이들은 연구 주제를 정치에만 한정하지 않고 경제와 정치를 하나로 묶는 정치경제학에 대한 연구를 진행했고 이후 한국의 대외 경제정책과 외교 분야로 연구의 영역을 확산하는 열정을 보였다. 정치외교뿐만 아니라 경제 영역까지 더했을 때 이들은 朱少先보다 많은 연구 결과를 후세에 남긴 것으로 파악된다. 중국에서 한국의 정치외교를 연구하는 학자들이 주로 외교와 안보 쟁점에 초점을 맞추는 것과 달리 위의 학자들은 한국 경제성장과 정치발전의 상관성을 비롯해 동아시아 국제관계에서 한국의 위치, 중국에서의 한국학 연구 동향 등 다양한 주제에 관한 연구를 진행했다. 이는 중국과 달리 대만이 학자들에게 연구의 자율성을 보장하고 있어 가능할 수 있었다. 이런 점에서 朱少先을 비롯한 이들 1세대 한국 연구자들은 대만에서의 한국학 연구의 개척자이자 오피니언 리더로 기능했다고 평가할 수 있다.

1세대에 이어 1980년대 이후 대만에서 한국의 정치외교 분야에 대한 연구를 주도한 대표적인 2세대 학자로는 朱松柏과 朱立熙를 언급할 수 있다. 그리고 비록 정치외교 분야에 집중하지는 않았지만 경제와 무역을 통해 한국의 정치를 설명하는 데 중요한 공헌을 한 金克宣도 3세대 학자의 대표 주자에 포함될 수 있다. 이 중 주리시는 지한문화협회知韓文化協會를 조직해 대만과 한국의 인권단체, 교육기관 및 젊은 세대 간의 교류와 협력을 촉진하는 사업을 추진하는 등 대표적인 지한파로 활동하고 있다. 주리시는 대만 언론인『연합보』의 한국 특파원으로 재직하는 동안 목격한 한국의 민주화 과정을 기록으로 남기는 작업을 수행하고 있다. 특히 1987년 6월항쟁 기간 한국의 민주화를 직접 목격했는데 당시 연세대학교 학생 이한열의 장례식을 촬영한 귀중한 사진을 2019년 이한열기념사업회에 전달해 화제가 되기도 했다. 2세대 연구자들을 이전 세대와 구별 짓는 학문적 요소의 하나는 이들이 중산계급, 시민사회, 사회운동의 영역에서 한국과 대만을 비교하고 이를 통해 동아시아 국가의 일반성과 특수성을 규정하려는 학문적 경향을 공유하고 있다는 점을 들 수 있다.

2세대 이후 대만의 한국 정치외교 분야 연구자 중에는 郭秋雯, 王恩美, 李明, 陳慶德 등의 중견 학자들을 오피니언 리더로 분류할 수 있다. 이들 중 李明은 연구 분야가 한국 국내정치에 중점을 두고 있는 반면 나머지 학자들은 경제의 영역에서 정치에 접근하는 모습을 보이는데 그 이유는 李明을 제외한 학자들의 전공이 경제학에 기반을 두고 있기 때문이다. 이런 점에서 한국 정치와 외교에 대한 직접적인 관심은 아닐지라도 동아시아 맥락에서 한국, 대만, 싱가포르, 홍콩을 하나로 묶는 발전국가 모델, 민주화, 이후 동아시아 경제 위기를 포함하는 주제를 비교정치경제 관점에서 들여다보는 학자들이 존재한다. 대표적인 연구자로 동아시아의 경제발전과 민주주의에 관한 연구 성과를 지속적으로 발표하는 朱雲漢(Chu

Yunhan)을 들 수 있다. 朱雲漢은 2008년『How East Asians View Democracy와 Citizens』와『Elections and Parties in East Asia』라는 두 권의 책을 편집했고 2013년에는『Democracy in East Asia: A New Century in East Asia』라는 책을 편집하기도 했다. 朱雲漢의 학문적 관심이 한국 자체에만 국한되는 것이 아니고 영어로 연구 성과를 발표하는 경우가 많아 대만 데이터베이스 시스템에서 한국만을 키워드로 검색했을 때 발견이 용이치 않은 것으로 나타났다. 이런 점은 대만 데이터 시스템에서 한국이라는 주제어로 서지조사를 실시할 때 부딪히는 애로사항이라고 할 수 있다.

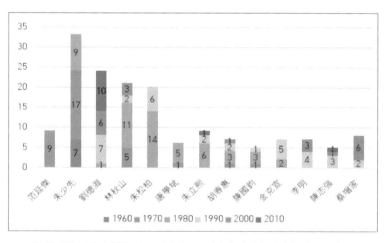

〈그림 42〉 대만의 한국 연구 정치외교 오피니언 리더와 시대별 발표 문헌 수

제4절 중국과 대만의
한국 정치외교 분야 비교 분석

지금까지 조사한 중국과 대만에서의 한국 정치외교 분야에 대한 연구 결과를 토대로 두 나라에서 나타나는 연구 경향의 공통점과 차이점을 요약하면 다음과 같다. 첫째, 중국과 대만 모두 한국학이라는 지식이 확산되는 과정에서 기존 학자들이 주장하는 S곡선모델이 아닌 변형된 형태의 고원형 S곡선모델의 형태가 나타나고 있다. 이는 중국과 대만의 한국 정치외교 분야에 대한 분석 결과 한국학이 수용된 계기와 전파 과정에서의 차이점에도 불구하고 결국 동일한 형태의 결과가 배태되고 있음을 의미한다. 중국에서 한국 정치외교에 대한 본격적인 연구의 계기는 한중수교였다. 한중수교 이전 중국에서의 한국 정치외교 연구는 사실상 북한과 관련된 분야에 일방적으로 치우쳐 진행됐다. 연구 방향도 중국과 북한의 공산화 혁명 과정, 냉전의 정점에서 발생한 한국전쟁, 이후 동북아안보에서 북한이 차지하는 중요성이 중국에서 북한 연구가 진행된 원인이었다. 이는 북한 연구의 대다수가 안보와 이데올로기적인 측면에 기울어 있었다는 점에서 확인된다. 중국학자들의 한국 정치외교에 대한 연구도 유사한 계기에서 출발했다. 한국 정치외교에 대한 정보 획득이라는 측면에서 시작한 연구는 한국 정치체제가 지닌 속성과 한국 사회에 대한 근본적인 이해를 추구하기 위한 목표보다는 외교안보적인 필요성과 중국 경제발전, 체제유지와 사회 안정을 위해 한국의 경험을 배울 필요성에 의한 연구가 주를 이루었다. 이는 중국에서의 한국 정치외교에 대한 연구의 공감대로 인해 일부 연구자 사이에서 집단적 지식으로 형성됐음에도 불구하고 정치체제의 제약으로 인해 결국 사회적 지식으로 확산되지 못하는 한계에 부딪혀 있음을 보여주는 것이다.

반면 대만의 경우는 학자들의 자발적인 연구가 연구의 동인으로 작용했다. 이는 대만 학자들의 연구가 한국을 이해하기 위한 지적 욕구에서 출발했음을 의미하는 것인데 이런 추세는 시간이 흐르면서 변동하는 한국 정치, 법률, 제도, 사회에 대한 연구가 학문의 주된 흐름을 형성하는 데서 확인할 수 있다. 그럼에도 불구하고 대만의 한국 정치외교 분야 연구도 사회적 지식으로 확산돼 하나의 독립적인 지식체계로 발전하지 못하는 것으로 파악됐다. 이는 역설적으로 한국이 중국과 체결한 국교정상화로 인한 부작용에 따른 것인데 이런 경향은 한중수교 이후 급감한 한국 정치외교 분야 연구 문헌 편수와 2010년대 들어 한국을 전문적으로 연구하는 오피니언 리더의 부재 상황을 통해 확인할 수 있다. 결국 중국과 대만 양국에서 한국학은 씨앗은 뿌려졌으나 풍성한 수확을 이루기 위해서는 상당한 시간과 노력이 요구되는 시점에 처해 있다고 할 수 있다.

둘째, 중국과 대만의 연구 집단 사이에서 나타나는 차이를 들 수 있다. 중국에서 한국학 연구를 선도하는 지식 집단 중 조선족 동포가 차지하는 비율이 결코 낮지 않은 것으로 파악됐다. 특히 언어, 문학 분야에서는 조선족 동포가 차지하는 비중이 압도적이라 할 수 있다. 정치외교 분야에서 조선족이 차지하는 비율과 학문적 영향력이 한족 학자들에 비해 제한된 것이 사실이지만 여전히 하나의 연구 집단으로 조선족의 중요성을 간과할 수는 없다. 이는 한국학중앙연구원을 비롯해 중국에서 한국학을 확산시키는 작업에 관련된 조직이 조선족에게 지속적인 관심과 지원을 아끼지 말아야 할 이유이다. 그럼에도 불구하고 한국 정치외교 분야에서 조선족 학자들이 소속된 지역과 이들이 중국 외교 정책에 미치는 영향력을 고려할 때 당면하는 문제를 해결할 방안이 모색될 필요가 있다.

중국과 달리 대만에서 진행되는 한국학 연구는 분과 학문 분야를 막론하고 대만 학자들이 중추가 돼서 진행하는 것을 확인할 수 있었다. 이는 대만의 한국 연구가 한국학이라는 사회적 지식으로 뿌리내릴 가능성이 중국보다 훨씬 농후함을 뜻하는 것이다. 따라서 대만학자들과의 지속적인 학문적 교류와 대만에서 학문 후속세대를 배양하기 위한 체계적 지원 정책의 수립이 필요하다고 할 수 있다.

셋째, 중국에서 한국의 정치외교를 연구하는 학자들은 대부분이 북한에 대한 연구를 병행하고 있는 것으로 파악됐다. 이는 한족과 조선족을 불문하고 공통적으로 발견되는 현상이다. 이는 중국의 한국학 연구 학자들을 지원하는 정책적인 측면에서는 한국과 북한의 교류 기반 마련과 정보 획득이라는 측면에서 유리한 점으로 작용할 수 있음을 의미하는 것이다. 이에 반해 대만학자의 경우 현 단계에서 북한에 대한 전문적인 지식을 취득하기 위한 노력을 기울이는 학자는 거의 존재하지 않아 보인다. 이는 대만 데이터베이스에서 북한 자체만을 연구 대상으로 선정한 문헌이 존재하지 않는 것에서 확인되고 있다. 이는 향후 한국학의 세계화를 추구하는 과정에서 한국학에 대한 정의와 개념화 작업에서 고민거리를 제공한다고 할 수 있다.

제6장

결론 및 정책적 함의

제1절 연구 결과

　중화권에서 한국 정치와 외교 분야에 대한 연구 변천을 연구한 결과 다음과 같은 내용을 도출할 수 있었다. 첫째, 새로운 지식 내지는 외국 연구의 한 종류로서 한국학이 중화권에서 어떤 형태로 전개돼 왔는지를 체계적으로 검토할 수 있었다. 이전까지의 한국학 확산을 고민하고 논의해 온 대부분의 문헌은 한국학 확산을 당위적이고 의무적인 차원에서 접근하는 경향이 강했다. 그리고 한국학이라는 특성상 어학, 문학, 역사, 문화와 같은 인문학적 연구를 한국학 확산의 주된 매개체로 인식하는 추세가 뚜렷했다. 그 결과 한국학 확산을 위해 중화권에서 나타나는 한국 연구 경향을 분석하는 이론, 방법, 논리를 개발하려는 노력이 부족했다. 이와 같은 현상은 한국학의 대외 전파라는 지상명제 실현을 강조한 결과 한국학이 확산되는 학문적, 지적 영토인 중화권에서 나타나고 있는 현실을 외면하거나 실체에 대한 접근을 게을리했기 때문에 발생한 결과다.

본 연구는 기존의 연구 성과를 계승하면서도 한국학 확산에 적합한 논리와 전략을 마련하는 작업이 마련돼야 할 필요성을 인정하고 중화권의 한국학 연구 현황을 체계적으로 분석하기 위해 고원형 S곡선모델을 고안했다. 고원형 S곡선모델은 이전까지 지식의 확산 경로를 설명하는 데 활용됐던 S곡선모델이 왜 중화권의 한국학 연구에서 적용되지 않는지에 대한 고민에서 비롯됐다. 그 결과 고원형 S곡선모델을 통해 중화권에서 한국학 확산을 가로막는 가장 큰 장애물이 정치적 요인에서 비롯됐음을 밝혀낼 수 있었다. 이런 점에서 본 연구는 한국학의 세계화를 성공적으로 구현하기 위해서는 대상 국가나 지역의 현황을 파악할 수 있는 이론적 연구의 필요성을 제기했고 이를 실천에 옮길 수 있는 단초를 제공했다는 점에 의의가 있다.

　둘째, 과학적 연구를 통해 중화권에서 한국학 확산을 억제하는 가장 큰 요소가 정치적 요인에서 비롯되고 있음을 밝혀냈다. 한중수교를 기점으로 중국과 대만에서의 한국 연구 경향은 서로 상이하면서도 공통된 특징을 보이고 있다. 중국에서는 한중수교를 기점으로 한국에 대한 연구가 급격히 증가하지만 이런 연구가 일부 지식인의 집단적 지식수준에 머물고 사회적으로 확산되지 못하고 있다. 반면, 대만에서는 중국의 경우와 달리 한중수교 이전까지 집단적 지식 차원에서는 상당한 성과를 거두고 사회적으로도 어느 정도 확산되던 한국학 연구가 한중수교 이후 감소하는 상반된 결과가 나타났다. 한국학 연구를 발표된 문헌의 수량에 따라 분석하면 중국에서는 증가, 대만에서는 감소 현상이 두드러지게 대비돼 나타나지만 이를 집단적 지식을 넘어 사회적 지식으로의 확산이라는 질적인 측면에서 살펴볼 때 사실 중화권에서의 한국학 연구는 정치라는 공통된 요인에 의해 확산에 어려움을 겪고 있다.

정치 환경이라는 요인이 변수가 아닌 상수라는 것을 감안한다면 중화권에서의 사회적 지식으로의 한국학 확산은 중대한 기로에 직면해 있고 이 어려움을 단기간에 획기적으로 개선할 수 있는 방안의 출현을 기대하기는 어려워 보인다. 이런 점에서 한국학 확산의 당위성과 당면 과제 사이의 충돌을 어떻게 해결해 나갈지에 대한 솔직한 논의가 필요한 시점이라고 할 수 있다.

셋째, 중국에서의 한국학, 특히 정치와 외교 분야에 대한 연구는 한국 자체에 대한 학문적 관심보다 정치적 요구를 충족시키기 위한 방향에서 진행되고 있음을 확인할 수 있었다. 중국에서 진행되는 한국 정치와 외교 분야에 대한 연구는 두 가지 필요에 의해 진행되고 있다. 우선 중국의 지속적 발전을 위해 필요한 내부 안정을 유지할 수 있는 방안을 한국의 경험에서 구하기 위한 차원의 연구이다. 이는 한국 국내 정치에 대한 연구들이 경제 성장과 정치발전과 관련된 주제에 집중된 것에서 확인할 수 있다. 다음으로 한국 외교와 안보에 대한 연구가 급증했는데 이것도 한국 자체의 외교와 안보에 대해 관심을 보이는 연구가 아닌 국제정치와 동아시아 안보라는 거시적 맥락에서 접근하는 경향이 주류를 이루고 있다. 이는 한국 외교와 안보에 대한 연구가 중국의 외교 전략을 마련하기 위한 차원에서 진행되고 있음을 암시하는 것이다.

넷째, 본 연구는 1949년 신중국 건립 이후 2017년까지 중국에서 진행된 한국 정치와 외교 분야에 대한 연구를 종합적으로 분석해 이 분야 연구에 대한 미시 거시 지형도를 완성했다. 이는 이전까지 중국에서 진행된 한국 정치와 외교라는 특정 분야뿐만 아니라 한국학 연구 전반의 경우에서도 전례가 없는 연구 결과이다. 거시지형도에서는 한국 정치와 외교 분야를 연구해 온 주요 학자, 연구소, 학술지를 조사했고 미시지형도에서는 키워드 연결망을 중심으로 정치제도, 정치사상, 외교안보, 법률행정 분야로 나누어 연구 경향과 연구 편수 변동 사항을 파악했다.

다섯째, 그 결과 중국에서 수행된 한국 정치와 외교 분야 연구에서는 여전히 조선족 연구자들이 다수를 차지하고 있음을 알 수 있었다. 하지만 점차 한족 학자의 수가 증가하는 경향이 뚜렷해짐도 발견했다. 이는 소수민족으로서 조선족 학자가 중국 정부의 대한반도 외교 정책에 미치는 영향력이 제한돼 있음을 주장해 온 기존의 사실을 재확인하는 과정이었고 시간이 지날수록 조선족 학자의 영향력이 더욱 위축될 것을 전망하게 하는 대목이다.

여섯째, 한국에서 지명도가 높은 중국학자들이 반드시 한국학 확산이라는 학문적 목표와 부합하는 것은 아니라는 점을 발견했다. 이는 정치와 외교 분야에서 한중외교관계, 중국의 한반도 전략, 공공외교라는 전략적 목표로 진행되는 저명한 중국학자들과의 교류가 한국학 확산이라는 학문적 목표와 반드시 일치하는 것은 아니라는 것을 보여주는 대목이다. 하지만 한국학 확산의 궁극적 목표 또한 한국의 국익을 향상시키기 위한 것을 부인할 수 없다는 점에서 학문과 정책 사이에 존재하는 갈등과 고민의 단면을 잘 보여주고 있다.

끝으로 본 연구는 중국에서의 한국학, 그중 정치와 외교 분야에 대한 미시, 거시 지형도를 완성하는 작업에 초점을 맞추고 진행됐다. 그 방법으로 CNKI가 제공하는 키워드를 활용한 키워드 연결망 분석을 이용했는데 이는 이미 명성을 확보한 학자나 지식인을 중심으로 한 지형도를 그리는 데는 효과적이었지만 미래 동일한 학문과 정책 분야에서 중요한 역할을 수행할 신진학자를 발굴하는 데는 한계가 있을 수밖에 없었다. 이런 한계를 극복하기 위해 본 연구를 바탕으로 신진학자들을 발굴하기 위한 심화연구가 진행될 필요가 있음을 밝혀둔다.

또한 키워드 연결망을 통한 분석 자체가 연구 과정에서 학자와 연구 주제 사이에 일정한 관계가 도출되는 대상만을 포함할 수밖에 없기에 중국에서 한국 정치와 외교를 연구하는 모든 전문가를 포괄하지 못한 맹점도 있다. 아울러 연구 기법상 관련된 모든 문헌을 다 정독하고 연구의 내용과 깊이를 일일이 파악하는 것에 근본적인 어려움이 있었다. 본 연구가 지닌 이런 단점을 극복할 수 있는 과학적, 이론적 후속 연구가 빠른 시일에 등장하기를 기대한다. 본 연구는 중국과 대만지역의 대표적 데이터베이스에서 정치외교 분야 한국학에 대한 전체 키워드를 추출하여 중국과 대만의 한국학 지식 지형도를 도출하고자 했다. 이 두 지역에서 한국을 인식하기 위해 존재하는 관련 지적 활동과 그 결과물이라 할 수 있는 학술논문 속의 핵심 키워드와 그 키워드들이 어떻게 상호 연결되어 있는지 그 지식 구조를 파악하고자 했다.

제2절 정책 제안

이 책의 마지막 부분은 지금까지의 연구 결과를 근간으로 중국에서 한국의 정치와 외교 분야를 포함해 한국학 전반에 대한 연구를 확산시킬 수 있는 방향에 대해 제언하고자 한다. 아래에서 제기되는 정책적 대안은 이 책 전체의 주장과 내용을 일관되게 설명하는 고원형 S곡선모델이 함축하고 있는 의미를 기반으로 하고 있다. 부연하자면 본 연구는 왜 중화권에서 지식의 일반적인 전파 과정을 설명하는 원형 S곡선모델이 아닌 고원형 S곡선모델이 등장하고 있는지, 왜 중화권에서 한국학이 집단적 지식의 단계를 넘어 사회적 지식으로 정착하는 창조적 재구성 과정에 실패하고 있는지에 대한 답을 구하는 과정에서 현재까지 진행된 한국학 연구의 미시, 거시 지형도를 그려냈다. 따라서 정책 제안 부분에서는 본 연구의 과정과 결과에 부응하는 정책을 제안한다는 목적에서 중화권에서 등장한 고원형 S곡선모델을 원형 S곡선모델로 변화시키기 위해 필요한 사항들을 주로 논의할 것이다.

기본적으로 중화권에서 한국 정치와 외교에 대한 집단적 차원의 지식은 이미 상당히 축적돼 있으나 이것이 창조적 재구성 과정을 통해 사회적 지식으로까지 확산되지 못하고 지체와 정체가 반복되는 시간이 흐르고 있다. 한국학 확산을 위한 가장 이상적인 방향은 한국 정치와 외교에 대한 한국의 연구와 중화권의 연구가 병행되고, 해당 분야에 대한 대중 교육과 출판이 활성화되는 것이겠지만 이를 구체화시킬 수 있는 실질적 방안을 마련하는 것이 결코 녹록하지 않은 것 또한 사실이다.

특히 최근 중국 정부가 공교육기관에서 소수민족의 언어교육을 제약하기 시작하면서 상대적으로 한국학 확산에 유리한 조건을 갖춘 중국의 동북 3성에서도 한국학 확산 작업이 타격을 입을 것으로 예상된다. 이는 연변조선족자치주가 있는 길림성과 다수의 조선족이 거주하는 요녕성도 예외가 아닐 것이다. 그동안 한국학 확산의 주요 기반이 대학에서의 한국어 교육 중심이었다는 것을 고려할 때 중국 정부의 이런 조치는 장기적으로 한국 연구에 대한 수요에 부정적인 영향을 미쳐 한국학 연구의 정체를 불러일으킬 것으로 추정된다. 사드 배치에 대한 중국의 현지 반응에서 확인됐듯이 중국에서 한국 경제가 차지하는 중요성이 서서히 감소될 것으로 전망되는데다 중국이 일대일로를 통해 주변국과의 경제, 무역 관계를 강화해 나가는 현실을 고려할 때 한국학 확산에 우호적인 환경이 조성되기까지에는 상당한 시간이 걸릴 것으로 예측된다.

더욱이 한국의 특성과 입장을 강조하는 한국학은 일정 정도 민족학의 성향을 띨 수밖에 없다. 이런 상황에서 한국학이 과거의 역사적 사실에 얽매이거나 한국의 특성을 강조할 경우 중국의 민족학 경향과 이해 충돌이 발생할 가능성이 높다. 따라서 중국에서의 한국 정치와 외교 분야에 관한 연구를 장려하고 지식을 축적시키기 위해서는 중화권과 공유할 수 있는 가치를 발견하고 이를 학문화하는 작업이 필요하다. 또한, 한국의 정치와 외교가 지니고 있는 강점이 경제성장, 민주주의 정착, 세계화를 동시에 이룬 모범적인 국가라는 점에 기인하는 반면 중국은 권위주의 정치체제를 유지한 상태에서의 경제발전, 강대국 외교를 표방하는 공세적인 세계화를 추구한다는 점에서 정치와 외교 분야에서의 한국학 확산을 꾀하기 위해서는 전략적인 접근이 불가피해 보인다.

이에 본 연구는 정치와 외교 분야에 대한 연구 결과를 바탕으로 한국학의 세계화 목표를 이루기 위한 방안으로 아래와 같은 정책을 제안한다. 제안되는 정책은 주로 중국에서 한국 정치와 외교 분야에 대한 지식을 획득해 이를 확산시킬 수 있는 기반을 조성할 수 있는 실질적인 대책에 국한하도록 하겠다. 한국 정치와 외교 분야에 대한 지식 기반 구축 작업이 한국학의 기저를 강화한다는 전체적인 목표와 별개로 존재하는 것이 아니기에 아래의 제안은 양자의 기반을 동시에 구축할 수 있는 전략적인 제안임을 밝혀둔다.

첫째, 중국의 대학생을 대상으로 한국의 경제 발전, 민주주의, 세계화, 소프트파워를 주제로 한 정기적인 학술논문 공모전 개최를 제안한다. 현 시진핑 집권하의 중국 정부는 이전 어느 정부보다 민족주의와 애국주의를 고양시키고 있다. 이는 중국인의 감성을 자극해 중국이 당면한 국내외적 어려움을 돌파하기 위한 주요한 지렛대로 작용하고 있다. 이런 점을 고려할 때 중국에서 학문적으로 새롭게 성장하는 후속세대에게 한국학 연구의 동기를 부여하는 기회를 많이 제공할 필요가 있다.

현재 2000년 이후 출생한 중국의 신세대는 40년이 넘게 지속된 경제 성장의 혜택을 누리고 자라 그 어떤 세대보다 개인주의 성향이 강하다. 이는 그들이 받은 획일적인 교육에도 불구하고 새로운 사고와 시각을 받아들일 수 있는 유연성을 어느 정도 갖추고 있음을 의미한다. 따라서 현재 한국에서 유학 중이거나 중국에 재학 중인 대학생을 대상으로 한국의 정치와 외교에 대해 접근할 수 있는 지평을 열어줄 필요가 있다.

둘째, 중국의 신진학자들 중 위의 주제와 관련된 학자들에 대한 연구비 지원을 증강하고 한국 학계와의 교류를 촉진할 수 있는 방안을 모색해야 한다. 현재 한국의 정치, 외교, 안보 관련 연구소나 싱크탱크들은 한반도 정책에 대한 중국의 입장을 파악하거나 공공외교 목적으로 중국의 학자들을 초빙할 때 이미 중국의 관방기관이나 학계에 자리 잡은 유명 인사들 위주로 초청장을 발송하고 있다. 하지만 중국의 의사정책 결정 과정에서 상기한 중국학자들 중 실제로 중국 외교정책에 영향력을 행사할 수 있는 사람은 극히 제한돼 있다. 그리고 이미 부동의 자리를 확보하고 있는 이 학자들이 중국 정부와 공산당 정책에 어긋나는 목소리를 내거나 중국의 주류 학문과 다른 종류의 학문에 관심을 가질 특별한 이유도 없다.

기실 그동안 한국의 중국 전문 연구기관에서 소개한 중국학자들의 저서 중 적지 않은 수가 중국 특색의 정치와 외교를 강조하는 이론서들이다. 이는 중국에서의 한국학 확산이라는 목표와 반대로 한국에 중국 특색의 중국학을 설파하는 기능을 수행하는 것으로 평가받고 있다. 따라서 한국학을 중국에 확산하기 위해서는 긴 호흡으로 한국에 관심이 있는 젊은 세대의 학자군을 양산하는 작업에 역량을 집중할 것을 제안한다.

셋째, 한국 정치와 외교 분야를 비롯해 한국학에 관심 있는 중국의 유학생을 별도로 선발해 관리하는 작업이 필요하다. 현재 중국 정부는 전 세계에서 매년 5만 명이 넘는 국비장학생을 초청하고 있다. 최근에는 일대일로 연선 국가들의 학생들만을 대상으로 하는 프로그램도 따로 마련하고 있다. 중국 정부의 장학금 수혜 대상은 대다수가 아프리카, 동남아시아, 중앙아시아, 중동, 중남미에 위치한 개발도상국에서 선발된다. 중국 정부는 학생들에게 광범위한 종류의 교육 프로그램을 제공할 뿐만 아니라 이들이 졸업 이후 고국으로 돌아간 후에도 긴밀한 관계를 유지하는 네트워크를 강화하고 있다. 장학금 프로그램은 중국이 소프트파워를 향상시키는 중요한 수단으로 작동함과 동시에 중국에 우호적인 엘리트들을 포섭하는 핵심 채널로 기능한다. 한국 교육기관에서 정치와 외교 분야를 비롯해 한국학에 관심 있는 중국 학생들을 체계적으로 육성하고 이들이 한국 학자들과 공동 연구를 진행할 수 있는 연결망을 구축하는 작업은 미래 세대 중국에서 한국학을 이끌어 갈 초석을 다지는 작업이 될 것이다.

넷째, 중국에서 매년 정기적으로 개최되는 한국학 대회의 내용을 강화할 필요가 있다. 필자의 참석 경험에 따르면 한국학 대회가 행사 개최라는 형식에 치중한 나머지 정작 관심을 가져야 할 내용의 중요성을 확보하지 못하는 경향이 있다. 한국학대회의 개최 목적이 중국의 한국학 확산에 있다는 것은 주지의 사실이다. 그렇기에 한국학대회의 성사와 홍보 자체를 목적으로 한 초창기에는 발표 논문의 질적 우수성을 담보하는 것보다 행사의 지속적 개최가 우선적인 고려사항이었을 수 있다.

하지만 한국학 대회가 이미 10회 넘게 개최됐다는 점을 고려할 때 이제는 형식보다는 내용의 질을 확보하는 방향으로 초점이 옮겨져야 할 것이다. 또한 한국학대회 개최 시 한국학자와 중국학자들만으로 참석 대상을 국한하지 않고 대만학자들을 동참시키는 방안을 제안한다. 중국에서의 한국학대회라는 성격을 감안할 때 이를 실행에 옮기는 것에 어려움이 따를 수 있지만 한국학대회 장소를 대만과 근접한 중국 남부지역 대학에서 개최한다면 대만학자들의 참석도 충분히 가능할 수 있다.

구체적으로 한국학대회 일정을 3개월이나 6개월 이전에 공지하고, 발표문 요약본을 사전에 접수해 발표문의 내용을 검토한 후 발표자를 선발한 후, 최소한 한국학대회 2주 전에 발표문을 제출하도록 하는 과정을 공식화하면 한국학대회의 수준을 높일 수 있을 것이다. 또한 한국학대회 주최 측에 엄선된 발표문을 중국의 한국학 관련 학술지에 특집호로 게제하거나 중국 출판사에서 책으로 발행한다는 조건을 명기하는 것이 필요하다. 이런 엄격한 절차를 거친다면 처음에는 발표자의 수가 줄어들 수도 있지만 머지않아 한국학대회의 위상이 제고돼 결국 한국학 연구의 질을 높이는 순기능으로 작용할 것이다.

다섯째, 현재 중국 중제국제정치학계는 중국 특색의 국제정치이론을 만드는 작업에 몰두하고 있고 이미 상당한 성과를 이룬 것으로 판단된다. 예를 들어, 칭화대 당대국제관계연구원은 옥스퍼드대학 출판사와 연계해 Chinese Journal of International Politics라는 학술지를 정기적으로 발간하고 있는데 이 학술지는 이미 서구 학계에서 나오는 적지 않은 중국 관련 학술지보다 높은 영향력지수를 확보했다. 이 학술지는 중국 특색 국제정치이론을 창출하는 진원지로 기능할 뿐만 아니라 관련된 주제에 관심이 있는 서구의 학자들을 하나로 묶어내는 산파 역할을 충실히 수행하고 있다. 중국 특색 국제정치이론의 확장은 중국을 포함해 서구 국제정치학계와 역사학계에서 한국학의 세계화를 추진하는 작업에 적지 않은 생채기를 내고 있다. 그 이유는 중국 특색 국제정치이론의 근간이 되는 중화사상과 조공체계에서 한국의 역사가 중국 역사에 종속돼 있거나 자율성을 상실한 채 조공체계에 적극 편입돼 있는 것으로 정의돼 있는 것을 들 수 있다.

중국 국제정치학계와 일부 서구 학자들의 긴밀한 협업하에 진행되고 있는 중국 특색 국제정치이론이 국제정치학계에서 널리 받아들여진다면 한국학의 세계화라는 작업이 그만큼 힘들어질 것으로 예상된다. 따라서 더 늦기 전에 현재 추진되고 있는 중국 특색 국제정치이론을 동아시아 중심의 국제정치이론으로 개념을 확장시켜 전근대 동아시아 국제정치질서 형성 과정에서 한국이 주도적이고 자율적으로 참여했던 국가였음을 명백히 밝히는 것이 절실히 요구된다. 이를 위해 한국 학자들이 서구와 중국학자들과 함께 전근대 시기 동아시아 국제정치이론의 특성을 함께 논의할 수 있는 학문 공간을 창출하기 위한 노력과 이에 대한 지원이 시급하게 요구된다.

여섯째, 중국에 한국정치외교연구학회를 결성하는 작업을 후원하는 것이 필요하다. 현재 미국을 비롯해 대부분의 서구 국가에는 한국 정치를 전문적으로 연구하는 한국정치학회가 존재하고 있다. 이들 학회는 정기적으로 한국 정치를 주제로 한 학술대회를 개최하고 있다. 중국 현지에도 미국, 일본, 유럽의 정치를 연구하는 학회가 있지만 한국을 연구하는 학회는 따로 결성돼 있지 않다. 한국정치연구학회는 지한파를 육성하고 이들이 활발하게 목소리를 낼 수 있게 하는 중요한 활동의 장이 될 것이다.

마지막 제안은 중국에서 한국학을 확산시키는 과정에서 조선족 학자들의 중요성이 여전히 중시 여겨져야 한다는 점이다. 조선족 학자들이 한국과 공유하고 있는 언어와 문화 정체성을 고려할 때 이들이 한국학 확산을 위한 소중한 자산임은 아무리 강조해도 지나치지 않다. 또한 조선족 학자들이 북한과의 학문 교류에서 한국 학자들보다 상대적으로 자유롭다는 점은 장기적인 시각에서 중국의 한국학 연구의 폭과 범주를 넓히는 데 중요한 기여를 할 수 있는 대목이다. 이와 같이 중국에서의 한국학 확산 과정에서 조선족 학자들이 지닌 잠재적 가치가 높음에도 불구하고 현재 한국 정치와 외교 분야를 연구하는 조선족 학자의 관심 영역은 한중 관계와 북중 관계에 지나치게 편중된 경향을 보이고 있다. 이에 차세대 조선족 연구자들이 연구 주제를 한중 관계와 북중 관계를 넘어 한국의 국가와 시민사회, 정당정치, 민주화 과정과 민주주의에서 언론과 여론의 역할 등 한국 정치 전반으로 연구의 폭을 넓히도록 인도하는 정책이 필요하다.

<부록>

<부록 1> 중국의 한국학: 중국의 한국어(조선어)과 현황

번호	한국어(조선어) 학과명	소재지	설립 연도	학위 과정 학사	학위 과정 석박사
1	연변대학조한문학원	연변	1949	O	O
2	상해외국어대학교동방어학원조선(한국)학과	상해	1994	O	O
3	천진외국어대학교아세아-아프리카어학원한어학부	천진	1994	O	O
4	대련외국어대학교한국어학원	대련	1990	O	O
5	산동대학교외국어학원한어학부	산동성 제남시	1992	O	O
6	서안번역학원 아세아유럽언어문화학원 동어계 조선어학	서안	2013	O	X
7	길림대학외국어학원조선어학부	길림	1993	O	O
8	광동외무외국어대학교동방언어문화학원조선(한국)어학부	광주	1997	O	O
9	복단대학외국언어문학학원한어언어문학학부	상해	1995	O	O
10	대외경제무역대학외국어학원조(한)학부	북경	1951	O	X
11	천진외국어대학아세아-아프리카어학원한국어학부	천진	1994	O	O
12	북경대학외국어학원조(한)문학부	북경	1945	O	O
13	북경외국어대학아세아-아프리카학원조선어학부	북경	1994	O	O
14	요동학원조한(조한경제와문화)학원조선어학부	단동시	2003	O	X
15	남경사범대학외국어학원조선어학부	남경	2002	O	O
16	호남사범대학외국어학원조선어학부	장사	2008	O	O
17	흑룡강대학동어학원조선어학부	흑룡강성 할빈시	1996	O	O
18	북경제2외국학원아세아학원조선어학부	북경	2018	O	O
19	중앙민족대학중국소수민족언어문학학원조선언어문학학부	북경	1972	O	O

번호	한국어(조선어) 학과명	소재지	설립 연도	학위 과정 학사	학위 과정 석박사
20	북경언어대학동방언어문화학원한국어학부	북경	1995	O	O
21	항주사범대학외국어학원조선어학부	항주시	2013	O	O
22	중국해양대학교외국어학원조선어학부	청도시	1992	O	O
23	연태대학외국어학원조선어학부	연태	1992	O	O
24	양주대학외국어학원조선어학부	강 소 성 양주시	2001	O	O
25	청도대학외국어학원조선어학부	청도시	1992	O	O
26	노동대학외국어학원조선어학부	산동성	1999	O	X
27	서안외국어대학동방언어문화학원조선어학부	서안	2004	O	O
28	화중사범대학외국어학원조선(한국)어학부	호 북 성 무한시	2009	O	O
29	남경대학외국어학원조선(한국)어학부	강 소 성 남경시	2006	O	O
30	천진사범대학외국어학원조선어학부	천진	2002	O	X
31	천진외국어대학빈해외사학원조선어학부	천진	2004	O	X
32	천진사범대학진고학원외국어계조선어학부	천진	2009	O	X
33	하북대학외국어학원조선어학부	하 북 성 보정시	2004	O	X
34	하북경제무역대학외국어학원조선어학부	하 북 성 석가장시	1996	O	X
35	정주경공업학원외국어학원조선어학부	정주시	2005	O	X
36	중남림업과학기술대학외국어학원조선어학부	호 남 성 장사시	2002	O	X
37	호남리공학원외국언어문학학원한국어학부	호 남 성 악양시	2001	O	X
38	요녕대학국제관계학원한국학학부	요 녕 성 심양시	1993	O	O
39	대련민족대학외국어학원조선어학부	대련	2008	O	X
40	장춘리공대학외국어학원조선어학부	길 림 성 장춘시	1998	O	O
41	통화사범학원외국어학원조선어학부	통화	1978	O	X

번호	한국어(조선어) 학과명	소재지	설립 연도	학위 과정 학사	학위 과정 석박사
42	곡부사범학원번역학원조선어학부	산동성		O	O
43	서안외사학원국제합작학원국제교류중심조선(한 국)어학부	섬 서 성 서안시	2015	O	X
44	소주대학외국어학원조선어학부	절 강 성 소주시	2007	O	X
45	회해공학원외국어학원(국제학원) 조선어학부	강 소 성 연운강시	2007	O	X
46	합비학원외국언어계조선어교연실	안 휘 성 합비시	2010	O	X
47	중산대학국제번역학원조선어학부	광 동 성 광주시	2009	O	X
48	상해해양대학외국어학원조선어학부	상해	2007	O	O
49	상해상학원외국어학원조선어학부	상해	2012	O	X
50	천진사범대학진고학원 외국어계조선어학부	천진	2009	O	X

<부록 2> 중국의 한국학: 중국의 한국(조선)연구소 현황

번호	한국(조선) 연구소명	소재지	설립 연도	학위과정 학사	학위과정 석박사
1	남경대학외국어학원학국학연구중심	강소성 남경시	2013	O	X
2	양주대학한국언어문화연구중심	강소성 양주시	2007	O	O
3	중산대학한국연구소	광동성 광주시	2006	O	O
4	길림대학주해학원한국연구소	광동성 주해시	2008	O	X
5	북경대학한국학연구중심	북경	1993	O	X
6	중국정법대학정치외공공관리학원조선반도 연구중심	북경	2012	O	X
7	외교학원중일한합작연구중심	북경	2013	O	X
8	북경외국어대학세계아세아연구정보중심	북경	2007	O	X
9	북경외국어대학한국학연구중심	북경		O	X

번호	한국(조선) 연구소명	소재지	설립 연도	학위과정	
				학사	석박사
10	북경언어대학한국어연구중심	북경	1995	O	X
11	중국인민대학동아연구중심	북경	1995	O	X
12	외교학원동아연구중심	북경	2003	O	X
13	중국인민대학한국연구중심	북경		O	X
14	중국인민대학상학원중한기업경영연구	북경	2006	O	X
15	중국국제문제연구원아태(아세아-태평양)연구소	북경	1956		X
16	북경대학아세아-태평양연구원	북경	2002	O	X
17	대련외국어대학중일한연구중심	북경	2014	O	X
18	사천사범대학한국연구중심	사천성 성도시	2013	O	X
19	산동대학중일한합작연구중심	산동성		O	X
20	곡부사범대학번역학원한국문화연구소	산동성		O	X
21	연태대학외국어학원동아연구소	산동성 연태시	1989	O	X
22	산동대학동북아연구중심	산동성 위해시	2004	O	X
23	산동대학한국학원중한교류중심	산동성 위해시	2004	O	X
24	위해시문등기사학원중한문화중심	산동성 위해시	2018		X
25	요녕대학동아연구중심	산동성 제남시	2012	O	X
26	청도대학외국어학원중한중심	산동성 청도시	2008	O	X
27	중국해양대학한국연구중심	산동성 청도시	2007	O	O
28	청도빈해학원중한통상연구소	산동성 청도시	2005	O	X
29	청도빈해학원한국학연구중심	산동성 청도시	2008	O	X
30	복단대학조선-한국연구중심	상해	1992	O	O
31	복단대학중한문화비교연구소	상해		O	O
32	상해사회과학원국제문제연구소조선반도연구중심	상해	2015		O

번호	한국(조선) 연구소명	소재지	설립연도	학위과정 학사	학위과정 석박사
33	복단대학아세아연구중심	상해	2002	O	X
34	상해외국어대학조선반도문제연구소중일한합작연구소	상해	1994	O	X
35	서안외국어대학인문사회과학연구중심	섬서성 서안	2015	O	X
36	서북대학중한교육중심	섬서성 서안	2014	O	X
37	서안번역학원중한문화교류중심	섬서성 서안	2015	O	X
38	위남사범학원외국어학원중한문화교류중심	섬서성 위남시	2011	O	X
39	절강월수외국어학원한국문화연구소	절강성 소흥시	2007	O	O
40	절강월수대학외국어학원동아지연(地緣)관계연구중심	절강성 소흥시	2015	O	X
41	절강해양대학중국해양문화연구중심	절강성 주산시	2009	O	X
42	절강수인대학동아연구소	절강성 항주시	2004	O	X
43	천진사회과학원동북아연구소	천진	1999		X
44	남개대학아세아연구중심	천진	2004	O	X
45	천진사범대학외국어학원한국문화중심	천진	2006	O	X
46	정주경공업학원외국어학원중한문화연구소	하남성 정주시	2008	O	X
47	절강대학한국학연구소	항주	1993	O	O
48	상담대학동아연구중심	호남성 상담시	2018	O	X
49	화중과학기술대학외국어학원한국어중심	호남성 장사시	2011	O	O
50	중국사회과학원아태(아세아/태평양)와전세계전략연구원	호남성 장사시	2011		O
51	호남성한국문화연구와교류중심	호남성 장사시	2013	O	X
52	서남대학중한교육교류와연구중심	호남성 장사시	2005	O	X
53	화중사범대학한국문화연구소	호북성 무한시	2009	O	X

번호	한국(조선) 연구소명	소재지	설립연도	학위과정 학사	학위과정 석박사
54	흑룡강사회과학원동북아연구소	흑룡강성 할빈시	1989		X
55	요녕대학국제관계학원조선·한국연구중심	심양시	1993	O	X
56	연변대학조선-한국연구중심조선반도연구협동창신중	연변	1979	O	O
57	요녕대학아세아연구중심	요녕성		O	
58	요녕사회과학원조선-한국연구중심	요녕성			X
59	대련민족대학국제언어문화연구중심한국학연구팀	요녕성 대련시	2002	O	X
60	길림대학동북아연구원	길림	1964	O	O
61	길림성사회과학원조선·한국연구소	길림	1964		X
62	길림성동북아연구중심	길림성 장춘시	1988		X
63	길림성사회과학원조선반도연구기지	길림성 장춘시	2008		O
64	동북사범대학동북아연구원조한연구소	길림성 장춘시	2004	O	X
65	통화사범학원조선반도경제문화연구중심	길림성 통화시	2013	O	X
66	북화대학동북아연구중심	길림시	2004	O	O
67	대련대학인문학부역사학원한국학연구원·중조교류중심	대련		O	X
68	대련대학중국동북사연구중심	대련	2002	O	X

<부록 3> 대만의 한국학: 대만의 한국어과 현황

번호	국립대	사립대
1	交通大學	辅仁大学
2	*政治大學韓語文學系	淡江大学
3	清华大学	真理大学
4	台北教育大學	*中国文化大学韓語文學系
5	台湾大学	中原大学
6	台北藝術大學	元智大学
7	台湾师范大学	佛光大学
8	台湾海洋大学	实践大学
9	台湾艺术大学	华樊大学
10	台湾戏曲大学	开南大学
11	勤益科技大学	玄奘大学
12	体育大学	明道大学
13	联合大学	靜宜大學
14	嘉义大学	逢甲大學
15	*高雄大学東方語言學系	長榮大學
16	东华大学	義守大學
17	台东大学	

(표에서 '*' 표시가 된 대학의 경우 한국어/한국학과가 학위과정으로 개설되어 있으며, 기타 대학은 한국어/한국학 관련 과목만 개설되어 있음)

참고문헌

곽수민, 「해외한국학 동향 분석 및 발전요인 연구」, 『정신문화연구』 제35권
　　제3호, 2012.
김경일, 「한국학의 기원과 계보」, 『사회와 역사』 64, 2003, 129-165.
김경일, 「미국의 지역 연구와 사회과학」, 『사회과학연구』 Vol. 3, 1996, 1-18.
김용학, 『사회연결망 이론』, 박영사, 2007.
김용학 · 김영진, 『사회연결망 분석』, 박영사, 2016.
김윤태, 「중국의 한국학 연구 동향」, 『中國硏究』 38卷, 2006, 77-91.
김종현, 「중국의 한국 연구 동향: 사회과학 영역에서의 연구에 한하여」, 『한
　　국학연구』 19, 2008.
김중섭 · 임규섭, 「중국에서의 한국학 연구 발전 과정과 과제」, 『한국어교육』,
　　2012.
김진량, 「해외한국학의 현지화 연구 한국학중앙연구원 해외한국학 씨앗형사
　　업 성과 사례를 중심으로」, 『정신문화연구』 제42권 제1호(통권 154
　　호), 2019.
리처드 니스벳(Richard E. Nisbett), 최인철 역, 『생각의 지도』, 김영사, 2016.
박동훈, 「중국에서의 한국정치 연구동향과 과제: 『韓國硏究論叢』과 『當代韓
　　國』을 중심으로」, 『한국과 국제정치』 29권 2호, 2013, 169-202.
박찬승, 「한국학연구 패러다임을 둘러싼 논의-내재적 발전론을 중심으로-」,
　　『한국학논집』 No. 35, 2007.
배규범, 「중국에서의 한국학 연구 방향 모색」, 『인문학연구』 25권, 2014.
백영서, 「지구지역학으로서의 한국학의 (불)가능성-보편담론을 향하여」, 『동
　　방학지』 No. 147, 2009.
손동원, 『사회 네트워크 분석』, 경문사, 2008.
송민선 · 고명만, 「국내 한국학 분야의 연구 영역 식별을 위한 거시적 지식구
　　조 분석 연구」, 『정보관리학회지』 32(3), 2015.
송현호, 「중국지역의 한국학 현황」, 『한중인문학회』 35집, 2012.
송현호, 『한중 인문교류와 한국학연구』, 태학사, 2018.
심의림(沈儀琳), 「中國에서의 韓國學硏究 現況」, 『中蘇硏究』 통권 56호,
　　1992.
에버렛 로저스, 김영석 · 강내원 · 박현구 역, 『개혁의 확산』, 커뮤니케이션북
　　스, 2005.

예성호, 「중국의 한국학 지식지도 연구: 1992년-2016년 경제·경영 분야의 학술논문 키워드 연결망 분석」, 『중국학연구』 90호, 2019, 257-288.

윤해연, 「중국에서 한국학 교육의 역사와 현황 그리고 향후 전망」, 『東方學志』, 177호, 2016, 399-426.

이광희, 『지식지도 작성을 위한 기초연구』, 한국학술재단, 2013.

이규태 외 2인, 「한국의 중국학과 중국의 한국학: 연구추세의 비교분석」, 『경제인문사회연구회』, 2010.

임형재, 「해외한국학에 대한 접근방법 연구-한국학의 유형 분석을 중심으로」, 『한국언어문화학』 제11권 제2호, 2014.

전성운, 「한국학의 개념과 세계화의 방안」, 『한국학연구』 No. 32, 2010.

정덕기, 「위당 정인보의 실학인식과 학문주체론: 「양명학연론」을 중심으로」, 『동방학지』 167, 2014, 33-66.

조성택, 「한국학 발전의 제도적 기반 확립을 위한 종합 계획」, 한국연구재단, 2008.

조지형, 「미국에서의 한국학의 흐름과 전망: 안과 밖의 생산적 대화를 위하여」, 『미국사연구』 제15집, 2002.

조철 외, 『중국의 대한국 관련 조직 및 인물 분석』, 산업연구원, 2018.

존 스콧(JOHN SCOTT), 김효동 외 역, 『소셜 네트워크 분석』, 커뮤니케이션북스, 2012.

채미화, 「동아시아 한국학 방법의 모색」, 『한국학 연구』, 2007.

최기숙, 「1950-60년대 인문학 학회지에서의 한국학 연구 구성의 특징: 개념, 범주, 방법론」, 『열상고전연구』 33, 2011, 265-301.

최옥산, 「동아시아 한국학의 중국적 주제에 관한 관견」, 『한국학연구』 16호, 2007, 21-30.

최은진, 「'모던차이나(Modern China)' 잡지와 미국의 중국학 연구동향: 키워드 동시출현 분석을 중심으로」. 박영순 외, 『중국 지역연구와 지식네트워크』, 학고방, 2019.

최은진, 「중국의 '중국학연구'의 지적구조와 네트워크」. 민성기 외, 『중국연구의 동향과 쟁점』, 학고방, 2016.

한국외대대학원 지역학연구회 편, 『지역학의 현황과 과제』, 한국외국어대학교출판부, 1996.

함명식, 「'중국 특색 국제정치이론' 논의의 출현과 향후 전망」, 『국가안보와전략』 19권 2호, 2019, 77-114.

肖霞·李忠輝, 「中國韓國學研究現狀`問題及建議」, 『인문학연구』 13, 2012.

張國强·鄭傑,「중국에서의 한국학 연구 현황과 전망」,『동아문화』52, 2014.

통일연구원,『중국인의 한국에 대한 인식조사』, 외교부, 2017.

李奎泰, 当代韩国 "中国学"与中国 "韩国学"之比较, 当代韩国, 2012.

李得春·刘娟, 韩国学和中国的韩国学, 东疆学刊, 2006.

李水山, 韩国新村运动对农村经济发展的影响, 当代韩国, 2001.

李忠辉·肖霞, 中国韩国学研究的现状˝特征与趋势——基于1998~2010년CSSCI
数据, 当代韩国, 2012.

石源华, 中国韩国学研究的回顾与展望, 当代韩国, 2002.

石源华, 中韩建交二十年来中国韩国学现状及发展, 当代韩国, 2012.

蒋丽, 中国的韩国政治研究现状分析, 延边大学, 国际政治硕士, 2017.

郑成宏, 当代中国的韩国学研究现状与趋势, 中国社会科学院研究生院学报, 2003.

陈昭玖·周波·唐卫东·苏昌平, 韩国新村运动的实践及对我国新农村建设的启
示, 农业经济问题, 2006.

秦亚青, 关系与过程: 中国国际关系理论的文化建构, 上海人民出版社, 2012.

蔡美花·金洪培, 东亚韩国学方法之探索, 东疆学刊, 2008.

韩立民, 韩国的 "新村运动"及其启示, 中国农村观察, 1996.

崔立如, 韩国半岛安全问题:中国作用, 现代国际关系, 2006.

金强一, 美日东北亚区域战略与朝鲜半岛问题, 当代亚太, 2004.

白雪秋, 韩国政府在 "新村运动"中的作用及其启示,, 长春市委党校学报, 2006.

郑新立, 韩国 "新村运动"启示录, 2005—2006中国生产力发展研究报告(下),
2006.

王生, 韩国外交的美国情结与现实抉择——接近美国并不会疏远中国, 东北亚论
坛, 2008.

Callahan, A. William, 2012, Sino-speak: Chinese Exceptionalism and the
Politics of History, Journal of Asian Studies, 71:1, 1-23.

Harding, Harry, 1984, The Study of Chinese Politics: Toward a Third
Generation of Scholarship, World Politics, 36:2, 284-307.

Johnson, Chalmers, 1997, Perception vs. Observation, or the Contributions of
Rational Choice Theory and Area Studies to Contemporary Political
Science, PS: Political Science and Politics, 30:2, 170-174.

Johnson, Chalmers, 1974, Political Science and East Asian Area Studies, World
Politics, 1974, 26:4, 560-575.

K. l. Kim, "Origins and Geneologies of Korean Studies Focusing on Korea,
East Asia and USA", Journal of Society and History, 2003, 64,

129-165.

Sangkuk, Lee, "China's Korea Experts: A Network Analysis", Asian Perspective, 2012, 36, 3, 411-434.

Max H. Boist, *Information Space: A Framework for Learning in Organizations Institutions and Cultures*, London: Routledge, 1995.

Max H. Boist, *Knowledge Assets: Securing Competitive Advantage in the Information Economy*, Oxford: Oxford University Press, 1998.

Perry, Elizabeth, 1989, State and Society in Contemporary China, World Politics, 41:4, 579-591.

Qin, Yaqing, 2007, Why Is There No Chinese International Relations Theory? International Relations of the Asia-Pacific, 7:3, 313-340.

Wasserman, S. and K. Faust, *Social Network Analysis: Methods and Applications*, Cambridge: Cambridge University Press, 2009.

함명식

주요 경력
중국 지린대학 공공외교학원 교수
University of Virginia Foreign Affairs 석사
지린대학 국제관계사 박사

주요 논문
"Socialization of China's Soft Power: Building up Friendship Through Potential Leaders"(논문, 2018)
"중국 특색의 세계화 전략에 대한 재중 아프리카 유학생들의 인식 조사"(논문, 2018)
"The Use of Force at Home and Abroad through Diversionary Foreign Policy: The Case of Preah Vihear"(논문, 2017)
"중국의 대한국 공공외교 성과와 한계 분석: 시진핑 집권 시기를 중심으로"(논문, 2017)
"From Autonomous Areas to Non-Autonomous Areas: The Politics of Korean Minority Migration in Contemporary China"(논문, 2012)

중국과 대만의
한국학 지식 지형도

정치 · 외교 분야
학술 데이터 분석

초판인쇄   2021년 11월 30일
초판발행   2021년 11월 30일

지은이   함명식
펴낸이   채종준
펴낸곳   한국학술정보㈜
주 소   경기도 파주시 회동길 230(문발동)
전 화   031) 908-3181(대표)
팩 스   031) 908-3189
홈페이지   http://ebook.kstudy.com
E-mail   출판사업부   publish@kstudy.com
출판신고   2003년 9월 25일 제406-2003-000012호

ISBN   979-11-6801-216-5   93340